Heide Simonis, Dodo Steinhardt,
Barbara Steinhardt-Böttcher

Drei Rheintöchter

Heide Simonis
Dodo Steinhardt
Barbara Steinhardt-Böttcher

Drei Rheintöchter

Kindheit am Rhein
nach 1945

2008

BOUVIER

ISBN 978-3-416-03234-6

INHALT

Teil I: Unser Bonn – gleich nach dem Krieg　　　　7

Teil II: Rheinische Impressionen

1. In Bonn erneut ankommen　　　　17
2. Bonn – Husarenstrasse　　　　22
3. Erziehung zu Höflichkeit und Disziplin　　　　29
4. Unsere Mutter – wohl beschützt　　　　30
5. Unser Vater – muss hamstern und studieren　　　　34
6. Protestanten und Katholiken　　　　35
7. „Meerstern – wir Dich grüßen"　　　　37
8. Vom Kaufen und Anschreiben...　　　　37
9. ...Essen und Bevorraten　　　　40
10. Plätzchen backen　　　　43
11. Die Essens- und Spielgewohnheiten der Kleinen　　　　45
12. Die Vati-Mutti-Masche　　　　47
13. Von Groschengrab und Geizkragen...　　　　48
14. ...Hasenbrot und Sonntagskleidchen　　　　49
15. Hat die Jungfrau Maria lange Hosen getragen?　　　　52
16. Bundesbrüder als Erziehungsmethode　　　　53
17. Reinigungs-Riten　　　　55
18. Bewährungs-Riten　　　　57
19. Rechtfertigungs-Riten　　　　58
20. Schwimmen – oder untergehen　　　　60
21. Kleine „Gundi Buschs"　　　　62
22. Kino, Fernsehen, Bücherschrank　　　　63
23. Der jüdische Friedhof　　　　65
24. Bonner Politikreden　　　　67
25. Umzug und Entzug　　　　68
26. Familiengeschichte von Mutter und Vater　　　　70
27. Migräne und Häme　　　　74
28. Preußische Disziplin und rheinische Liebe　　　　75

Teil III: Bonner Charaktere

1.	Dat Klärchen	76
2.	Die Biester	85
3.	Die Handwerker	91
4.	Der Alte	99
5.	Die Bonner am Wochenende	109
6.	Die Bonner Narren	113
7.	Die Geldmacher	118
8.	Die Nordschüler	124
9.	Die Tante Liss	133
10.	Das ominöse „dat"	138
11.	Dat Gisel	143

Die Hauptakteure 151

Teil I: Unser Bonn – gleich nach dem Krieg

Am 8. Mai 1945 unterzeichnete das Oberkommando der deutschen Wehrmacht die bedingungslose Kapitulation. Die Bilanz des durch die Deutschen angezettelten Krieges war verheerend. Fast 60 Millionen Menschen in allen Teilen Europas hatten ihr Leben verloren. Viele deutsche Städte lagen in Schutt und Asche, mehr als 3,5 Millionen Wohnungen waren zerstört. Im Alltag fehlte es an allem, an Kleidung, Essen, Arbeit. Die Infrastruktur war weitgehend zerstört; keine regelmäßigen Zugverbindungen, keine funktionierenden öffentlichen Einrichtungen mehr. Lebensnotwendiges war nur durch Eigenarbeit, über den Schwarzmarkt oder über das Hamstern zu erhalten. Von einem eigenen Dach über dem Kopf, von Warmwasserversorgung, einer abschließbaren Wohnung konnten viele nur träumen; über ein Drittel der Bevölkerung lebte in Notunterkünften.

In den meisten Familien gab es Tote, Verletzte oder Vermisste zu beklagen. Vielfach waren es die Frauen, die sich daranmachten, die sichtbaren Zeichen des Elends und der Not, die Trümmer, zu beseitigen – man nannte sie die „Trümmerfrauen." Es galt, möglichst schnell und preiswert Wohnraum zu schaffen; auf Schönheit und Tradition wurde weniger geachtet.

Den Deutschen ging es dann langsam aber wieder besser. Eine Fresswelle schwappte über das Land, dann die Kleider- und Wohnwelle, später die Reisewelle. Vom Käse, den einer zum Bahnhof gerollt hatte, dem kleinen grünen Kaktus und dem Knie des lieben Hans beim Tanz, ging es zu den Capri-Fischern und zum Lied von der Badehose, die es einzupacken galt.

Bonn hatte es noch kurz vor Kriegsende hart getroffen. Im Oktober 1944 kam es zu schweren Angriffen der englischen Luftwaffe mit Brandbomben. Es gab zahlreiche Tote und Verletzte. Etwa jedes fünfte Wohnhaus war zerstört, das Zentrum der Stadt ein einziges Trümmerfeld; viele historisch wertvolle Gebäude wie die Universität waren dem Erdboden gleichgemacht.

Godesberg wurde kurz vor Weihnachten angegriffen und dann im Januar und Februar 1945 Beuel und nochmals Bonn. Vor Schlimmerem blieb die Bevölkerung aber verschont, weil sich deutsche Militärs den Durchhalteparolen aus Berlin widersetzt hatten und Bonn, Godesberg und Beuel kampflos an die Amerikaner übergaben. Schnell machte ein Gerücht die Runde, wonach der kommandierende amerikanische Offizier am 9. März 1945 Bonn besetzen ließ und dabei die Frage stellte: „Steht das Beethovenhaus noch?"

Wer sich vom Elend des Alltags ablenken oder auch nur aufwärmen wollte, ging ins Kino oder ins Theater. In der ersten Zeit mussten die Besucher aber statt Eintrittsgeld Briketts mitbringen, damit ein bisschen Wärme ins Haus kam und so die Freude erleichterte.

„Harold Pinter", sagte unsere Mutter mit Verachtung in der Stimme – „und das soll Kunst sein?" Wer Pinter war, wussten wir Kinder natürlich nicht, aber die englische Besatzungsmacht gab sich viel Mühe, die Deutschen umzuerziehen. Dazu wurden moderne Theaterstücke gegeben, Musik gespielt und Filme gezeigt. „Was denen fehlt, ist ein Beethoven und ein Mozart, dann wüssten sie, was Kunst ist", so hörten wir. Und wie die gegen Heinz Rühmann und Heinrich George mit ihren tollen Filmen ankommen wollten, war den meisten Bonnern schleierhaft. Der englische Humor galt vielen als so dünn wie englischer Kaffee, und den wollte in

Bonn eigentlich keiner trinken. Die Amerikaner galten dagegen als nett, verteilten Kaugummi und Schokolade und waren auch sonst eher zugänglich. Anders wiederum stand es mit den Belgiern. Wieso die sich als Sieger aufführen durften, wollte keiner so recht verstehen.

Soweit wir Kinder überhaupt verstanden, worum es bei all den Animositäten gegen die Besatzungsmächte ging, staunten wir mit offenem Mund über alle Fehler, die die anderen in ihrer Unkenntnis der Welt machten, ohne auf uns Deutsche zu hören.

Den meisten Spott rief in der unmittelbaren Nachkriegszeit allerdings nicht das Theater sondern die moderne Malerei hervor. Man sprach despektierlich von Klecksereien und Schmierereien. Ein Kind könne so was doch schon malen. Und was daran demokratisch sein sollte, das musste man den Deutschen erst einmal erklären.

Die Bonner Bevölkerung hungerte und fror über mehrere Jahre hinweg. Zwar waren schon während des Krieges große Teile der Grünanlagen freigegeben worden, um Kartoffeln und Gemüse anzubauen, aber das reichte nicht, um das harte Leben wirklich zu erleichtern. Und der Winter 1946/47 war dann auch noch einer der kältesten seit Menschengedenken.

Dann aber ging es los. Zuerst verschwanden die Wracks vom Rhein. Jahrelang hatten dort halbversunkene bombardierte Kähne gelegen, verrostet, kaputt – ein grausiges Bild von Krieg und Zerstörung, das uns Kinder jedes Mal wieder Angst einflößte. An ihre Stelle kam der „Knurrhahn", ein Restaurantboot, das die Bonner für elegant hielten, weil sich kaum jemand dort eine Mahlzeit oder ein Getränk leisten konnte. Als die Schiffswracks weg waren, kam auch die Flussschifffahrt wieder in Gang. Holländische und deutsche

Kähne fuhren beladen rheinaufwärts und doppelt so schnell leer rheinabwärts mit freundlichen Menschen an Bord, die uns Kindern zuwinkten. Dann nahm die Köln-Düsseldorfer Dampfergesellschaft wieder ihre Dienste auf und fuhr bis ins Siebengebirge, zum Petersberg und Drachenfels – ein wunderbarer Ausflug zu fast unerschwinglichen Preisen, die viele Bonner aber mit lokalpatriotischer Gesinnung doch zusammenkratzten.

Dann verschwanden auch langsam die Häuserruinen, die es jahrelang, über ganz Bonn verstreut, in großen Mengen gegeben hatte. Diese Ruinen jagten uns Kindern keine Angst ein, weil sie herrliche, wenn auch verbotene Spielplätze waren. Alle Bonner Kinder bekamen von ihren besorgten Eltern eingeschärft, bloß nicht in den Ruinen zu spielen. Sie konnten ja einstürzen, und unter ihnen konnten noch nicht entschärfte Bomben liegen.

Mit den Schiffswracks und den Ruinen verschwanden – nicht sehr vermisst, aber doch als nützliche Tauschpartner und Kassenfüller geschätzt – auch die Besatzungssoldaten aus dem Stadtbild. Für sie war anderswo gebaut worden. Sie zogen in bessere Unterkünfte, die Bonner in die verlassenen Halbruinen.

Doch dann setzte ein wahrer Bauboom ein: Bonn war 1949 Bundeshauptstadt geworden, von den Bonnern misstrauisch und zugleich stolz beobachtet. Für die Regierung musste besonders viel gebaut werden. In unserer Nachbarschaft in der Husarenstraße entstand die Bundeshauptkasse, um die Ecke in der Graurheindorfer Straße das Innenministerium und das Finanzministerium. Bauarbeiter fielen in Scharen und mit allen möglichen Dialekten in Bonn ein, bauten ein Gebäude nach dem anderen und verwandelten so die Stadt in kürzester Zeit. Vorher eher ein kleines Provinznest, beschaulich am Rhein gelegen, platzte Bonn nun förmlich aus allen Nähten. Zu viele Menschen waren in einem sehr kurzen Zeitraum in die Stadt gekommen und alle wollten irgendwie wohnen.

Mit den Ministerien und Ämtern kamen die Beamten und Angestellten, die Politiker, Diplomaten, Abgeordnete, Journalisten, der Bundesgrenzschutz, mehr Polizei. Alle brauchten Wohnraum, schließlich konnte man den Bonner Familien nicht mehr Zwangseinquartierungen zumuten. Anfangs wohnten viele dieser Neubonner zur Untermiete. Am liebsten sahen die Bonner Witwen, die Wohnraum zu vermieten hatten, nicht rauchende Wochenendfahrer, die am Freitagabend mit ihrer schmutzigen Wäsche in Richtung Heimat aufbrachen und am Sonntagabend mit gewaschener Wäsche wieder in Bonn auftauchten. Aber alle sahen ein, dass dies auf die Dauer keine Lösung und auch sehr teuer war, also wurde noch mehr gebaut, Wohnungen und Eigenheime. Bonn wuchs in alle Richtungen bis nach Bad Godesberg, von da aus weiter nach Muffendorf und Mehlem. Auch auf der rechten Rheinseite wuchs die Stadt, verschlang Beuel und Straßendörfer wie Küdinghoven, Oberkassel, Pützchen, die eingemeindet wurden und die neue Großstadt Bonn in kurzer Zeit doppelt so groß wie vor dem Krieg machten.

Der Schulzoo, den wir Kinder regelmäßig mit unseren Lehrern besuchten, um uns heimisches Kleinvieh und einen ewig schreienden Pfau anzusehen, musste einer plattenbauähnlichen Siedlung weichen, die sich zum Ausgleich einen exotischen Straßennamen gab. Die Pädagogische Hochschule wurde gebaut, dazu ein Studentenwohnheim; italienische Restaurants erschienen, von allen bestaunt, Cafés, Programmkinos, Modeläden, von vielen Bonnern neidisch begafft, große Kaufhäuser, mehr italienische Restaurants, Kneipen, internationale Buchläden. Die vielen hinzugezogenen

Beamtenkinder kamen nicht mehr mit je einem Jungen- und Mädchengymnasium aus, mehr Schulen mussten her, mehr Kindergärten, mehr Krankenhäuser, mehr Unterkünfte für die ständig wachsende Zahl an Sicherheitsbeamten, Grenzschutz, Fahrbereitschaft. Nicht mehr Studenten und Rentner bestimmten das Straßenbild, sondern exotisch gekleidete Diplomaten und Journalisten, die in fremden Sprachen miteinander redeten und ihre Kinder auf internationale Schulen schickten.

Nun stimmte aber auch die Infrastruktur nicht mehr und so wurden Straßen gebaut, Unterführungen, Stadtautobahnen, Kreisverkehre (so ein Blödsinn, sagten die Bonner, wir haben doch früher auch keinen Kreisverkehr gebraucht). Eine zweite Rheinbrücke musste her, um die Anbindung an die Autobahnen und den Flughafen Köln/Bonn zu erleichtern. Der Schupo, der auf einem Podest vor dem Bahnhof gestanden hatte und am 24. Dezember immer Geschenke von dankbaren Autofahrern bekam, musste einer Ampel weichen, weil er dem Verkehr nicht mehr gewachsen war.

Nun entstanden ein neuer Busbahnhof, neue Straßenbahnlinien, Taxis warteten in langen Schlangen vor dem Bahnhof, der mit seinen vier Gleisen aber fast wie aus der Modelleisenbahnkiste wirkte. Das Fahrrad verschwand vorübergehend aus dem Straßenbild, um erst Jahrzehnte später von Studenten und Gesundheitsbewussten wieder eingeführt zu werden.

Auch für Kunst und Kultur wurde gesorgt. Oper und Theater spielten wieder, die Beethovenhalle entstand. Das fanden die Bonner an sich richtig, war der Mann doch ein Bonner. Aber musste die Halle so groß und scheußlich sein? Und die Konzerte erst, oft völlig atonal, fürchterlich. Fast so schlimm wie der „Lange Eugen." Oder die neue Rheinuferbahn, deren

Schienen das Stadtbild verschandelten. Aber da die Stadt inzwischen auch nach Norden gewachsen war, brauchte man öffentliche Verkehrsmittel, um alle zur Arbeit, Universität, Schule zu befördern.

Mit der Regierung kamen die Lobbyisten, viele Verbände und Organisationen nach Bonn, eröffneten dort ihren Haupt- oder Nebensitz, um möglichst nahe am politischen Geschehen zu sein. Die Bundesländer bauten Landesvertretungen, Botschaften übernahmen schmucke Villen oder bauten neue Gebäude – oft in einer Weise, die den Bonnern gar nicht gefiel: „Je kleiner das Land, desto protziger die Botschaft."

Die alten, aber auch viele neue Bonner hatten ihre Rückzugswinkel, die die Regierungsbeamten und Abgeordneten noch nicht kannten: der alte Zoll, das kurfürstliche Schloss, das Poppelsdorfer Schloß, der alte Markt mit seinem schönen Rathaus, am Anfang noch eifrig von ausländischen Staatsoberhäuptern besucht. „Das war der Haile Selassi", sagten die Bonner, als ein großer Wagen mit einem kleinen Mann vorfuhr. Wir Kinder wussten aber gar nicht, warum der heilig sein sollte. Später hat die Regierung auf solche Bäder in der Menge verzichtet und die hochgestellten Besucher gleich auf den Petersberg gefahren.

Die Bonner aber feierten ihren Karneval, standen in Trauben am Augustusring und schauten den Schlangen von Autos zu, die vom Nürburgring kamen und nach Köln wollten. Sie gingen ins Sommerbad, von Diplomaten, Journalisten und Politikern bisher nicht zur Kenntnis genommen, oder in ihre kleinen Biergärten, die man mit ungeübtem Auge kaum finden konnte. Hier war man unter sich, konnte frohen Herzens Bönnsch reden und allerlei Verärgerungen Luft machen. Und die gab es reichlich; denn den Bonnern dämmerte es langsam, dass Bundeshauptstadt sein nicht nur ein Segen ist.

Am Wochenende fiel die Stadt aber regelrecht ins Koma, weil die Politiker und Journalisten und auch ein Großteil der Beamten nach Hause fuhren. Dann gehörte die Stadt wieder den Bonnern, die anfangs gerne und ausführlich über die großen Tiere klatschten und lästerten. Die auch schon mal vor einem Gebäude anhielten, hoch schauten und ehrfürchtig flüsterten „Hier wohnt der Meerkatz" oder „hier wohnt der Barzel." Aber das legte sich schnell – es waren einfach zu viele Hochgestochene und sie wechselten zu oft. Und überhaupt befassten sich die Bonner lieber mit ihren eigenen Angelegenheiten, wie z. B. Karneval oder warum der „Grüne Weg" jetzt auf einmal „Legionsweg" hieß oder Nachbarschaftstratsch, wozu man eigens am offenen Fenster auf einem Gebetsstühlchen kniete und die Ellenbogen auf Tratschkissen aufstützte. Und dann ging's quer über die Straße mit den neuesten Nachrichten.
Bonn war bis zur Mitte der fünfziger Jahre eine hektische Stadt geworden, kaum dem Ansturm dieser vielen Zugezogenen gewachsen, mit dem Wahnsinnsverkehr, der ewigen Parknot, den vielen Diplomatenautos, die alles durften und nie belangt wurden und meist saumäßig parkten (sagten die Bonner), mit den Politikern und ihrem Tross, den Demonstrationen, die zahlreicher und größer wurden, den schrecklichen Hochhäusern. Erst als viele Jahre später die Mauer fiel und Berlin Bundeshauptstadt werden sollte, wurde den Bonnern klar, wie lieb sie diese einst so unerwünschten Gäste doch hatten. Und sie kämpften tapfer und mit großem Einsatz, wenngleich vergeblich, für den Erhalt „ihrer" Bundeshauptstadt Bonn.

Teil II: Rheinische Impressionen

1. In Bonn erneut ankommen

Unser Vater wollte nie so werden, wie die Rheinländer – Gott bewahre. Er wollte auch kein Bonner sein. Dennoch hat er aus Liebe zu seiner Frau länger in Bonn gelebt als in jeder anderen Stadt, in die es ihn während seines Lebens verschlagen hat. Er wird sich allerdings Zeit seines Lebens weigern, auch nur eine Silbe im rheinischen Dialekt auszusprechen, den er bestenfalls nicht verstand, schlimmstenfalls als vulgär empfand, und den er nicht liebte. Das erlaubte es ihm, nichts von dem verstehen zu müssen, was um ihn herum gesprochen wurde. Und das erlaubte es ihm zugleich, seine Nachbarn mit gestochen klarem Hochdeutsch, mit leichtem ostpreußischem Klang verziert, zu verwirren. Wir Kinder waren nicht wie alle anderen Kinder Blagen oder die Pänz. Er nannte uns: meine Piesepampels, meine Lorbasse, meine Mischpoke. Wir verstanden ihn zwar nicht immer, aber es war schön, weil es sehr liebevoll klang. Da hatten wir den anderen Kindern in der Husarenstrasse eine Menge voraus, deren Eltern durchgängig an die heilende Kraft von Prügeln und Brüllorgien glaubten.

Nie würde er ganz verstehen wollen, was ihn in diese ihm so fremde Umgebung gebracht und vor allem, warum er sich nicht dagegen gewehrt hatte. Bonn, dieser leichtlebigen Stadt mit Karneval und sonstigem Tand galt seine Liebe nicht. Seine Liebe galt Königsberg, der fernen Stadt, in der seine Familie, insbesondere seine beiden vergötterten eleganten Tanten, die Schwestern seiner Mutter gelebt hatten, die eine verheiratet mit einem Fabrikanten, die andere mit einem – vor allem von Frauen – frequentierten Arzt. Über Königsberg, den Dom, die Feste und Bälle, die eleganten Einkaufsstrassen, die meilenlangen, breiten Sandstrände der Ostsee, die Wunder der Seenplatten, die Treffen mit den Bundesbrüdern, konnte unser Vater stundenlang erzählen. Am meisten liebte er die Geschichte vom Gläschen Wodka, das selbst Damen der Gesellschaft schon morgens in der Öffentlichkeit trinken durften, wenn nur eine Scheibe fetter Leberwurst dazukam. Das war gut gegen die eisige Kälte und stand den Damen auch: ihre rosig angehauchten Wangen ließen Erwartungen an den Frühling aufkommen.

Nie im Leben wäre unserem Vater eingefallen, freiwillig nach Bonn in die Mitte von ausgebombten Altstadtbewohnern zu ziehen, deren raue Sitten und Umgangsformen ihn störten und deren alkoholgetränkte Stimmen und schrilllautes Gelächter er als nervtötend empfand – zumal er sowieso nicht viel davon verstand. Dass er der Stadt damit unrecht tat, muss ihm bewusst gewesen sein, denn Bonn gilt und galt schon damals als liebenswürdig, mit eleganten Gegenden, besonnt am Rhein liegend, mit langer Geschichte und stolzem Bürgertum. Für unseren Vater war Bonn aber der ständige Beweis des Scheiterns seiner eigenen Lebenspläne, das ihn gegenüber seiner Umgebung ungerecht werden ließ. Selbst die tanzenden Sonnenlichter auf dem Rhein an sommerlichen Tagen verzückten ihn nicht. Der Karneval war für ihn eine Art außerirdischen Humors. Rote Pappnasen, Perücken aus Kunststoff in grellem grün oder rot, Tärärätätä-Musik, völlig unbekannten Damen Bützchen geben: all das war nicht sein Ding. Und der Wein, der auf den Hängen des Siebengebirges gezogen wurde, schmeckte ihm nicht, war ihm zu sauer; er bevorzugte Halbtrocken oder Spätlese. „Himmel und Ärd" mochte er nicht, Rübenkraut verabscheute er und Butter auf Rosinenbrot erschien ihm als Gipfel der Verschwendung.

Aber da war er nun, hineinbugsiert von seiner Frau, die das Kapitel Königsberg, der in ihren Augen eher düsteren und kalten Stadt, als gescheitert ansah und für immer abgeschrieben hatte. Sie war nach der Geburt von Heide, ihrer ältesten Tochter – und seinem „Fliegersohn", wie die Kampfflieger ihre erstgeborene Tochter zumeist nannten – getrieben von seinem Heimweh und seinen wunderbaren Schilderungen über die goldene Stadt im Herbst 1943 von Bonn und der eigenen Familie weg, ins ferne, unbekannte Königsberg gezogen, nur um gut ein Jahr später wieder in die umgekehrte Himmelsrichtung zu ziehen. Sie hat uns nie erzählt, was sie auf diesem Treck alles erlitten und erlebt hat, aber Königsberg kam dabei irgendwie nicht gut weg. Sie fühlte sich reingelegt und machte seine Familie dafür verantwortlich, so als hätten die wissen müssen, dass alles schief laufen würde mit diesem Krieg.

Eines aber blieb von dieser Königsberg-Episode für uns Kinder in Erinnerung. Als unsere Eltern 1942 heirateten, war dies auch eine Frage der strengen Organisation gewesen. Die mütterliche Verwandtschaft war dazu verdonnert worden, in die Aussteuertruhen zu gucken, ob sie zugunsten des jungen Brautpaares auf das eine oder andere Teil verzichten konnten. Die Braut trug kein weißes Brautkleid sondern ein schickes Kostüm, im letzten Moment umgeändert, der Bräutigam Uniform. Viele Gäste waren wohl nicht gekommen, die Aussteuer war jedenfalls beklagenswert klein. Kein Geschirr, keine Plumeaus, keine Kissen – aber ein Silberbesteck, vollständig, wie unsere Mutter später voller Stolz zu sagen pflegte: ein Besteck mit allen Vorlegeteilen, Frühstücks- und Essensbesteck zugleich.

Diesen Schatz nahm sie mit nach Königsberg, sozusagen als Entrée für die dortige Verwandtschaft, die, wie unsere Mutter zu Recht befürchtete, alles aber auch alles und noch mehr reichlich hatten. Dieser Schatz musste dann aber wieder mit gen Westen, koste es, was es wolle. Sämtliche Teile wurden in die Matratze des Kinderwagens eingenäht, gepolstert, damit es nicht klapperte und mit gebrauchten Kinderwindeln abgeschirmt. Und so schaffte sie es: Das Besteck kam heil und vollständig wieder in Bonn an - wurde dort aber in die hinterste Ecke des Schrankes versteckt, nur an hohen kirchlichen Feiertagen rausgeholt und sofort nach Gebrauch, nachdem es auf Vollständigkeit geprüft war, wieder in der schützenden Dunkelheit des Schrankes gelagert. (Bei ihrem Tod lagerten immer noch einige Teile dieses Schatzes im Schutz des Schrankes; einige hatte sie verloren, andere unter gemuschelt im Küchenschrank, zwischen dem Alubesteck zum alltäglichen Gebrauch).

Im Oktober 1944 kam ihre zweite Tochter zur Welt, in Bad Landeck in Oberschlesien. Doris, ein spitzmäusiges Kind, war von Anbeginn an ihr Augapfel, ihr Ein und Alles. Dabei war die Neugeborene schwer krank, musste wegen Typhus lange im Krankenhaus bleiben und bewirkte die Trennung unserer Mutter von ihrem Treck. Dennoch, dieses Kind liebte sie mit einer obsessiven Liebe, die ein ganzes Leben halten sollte, aber fast dramatisch endete, weil es ihr doch beinahe gelungen wäre, ihre zweite Tochter zur absoluten Unfähigkeit zu erziehen.

Das zarte, kleine Mädchen musste vor der harten Welt beschützt werden, erst von ihr, dann von einem möglichst reichen Mann. Ihre Liebe zu ihr sollte alles, aber auch alles überdauern, mit Sicherheit die Liebe zum Rest ihrer Familie. Doris war später die einzige, die es wagen konnte, mit ihr über ihren körperlichen und geistigen Verfall zu reden, was sie von den beiden anderen Töchtern als ungehörig empfand. Von Doris akzeptierte sie alles, was die als richtig oder notwendig erachtete. Gegen dieses Kind würde sie nie die

Hand erheben, dieses Kind verteidigte sie mit Zähnen und Klauen, wie eine Löwenmutter ihr Junges.

Die beiden anderen Schwestern, Heide und Barbara, nicht so eingetaucht in Liebe, Verständnis und Entgegenkommen, hatten dennoch nichts dagegen einzuwenden. Denn wenn Dodo, wie Doris später liebevoll genannt wurde, die Verantwortung für eine Todsünde wider den mütterlichen ehernen Kodex an gutem Benehmen, töchterlicher Unterwerfung und familiärem Gehorsam übernahm, dann waren sie gerettet: kein Klaps, kein Geschrei, keine Taschengeldkürzungen, kein Hausarrest, kein Garnix. Wenn immer nur Dodo dazu bereit war – Gott sei Dank war sie es zum Nutzen der beiden immer – wenn es brenzlig wurde.

Wenn unsere Mutter gestresst und überarbeitet die Nerven verlor, dann war es zumeist Heide, die Erstgeborene, die das auszubaden hatte. Barbara dagegen lief noch so durch, ohnehin ein Unglücksfall, der nicht mehr hatte repariert werden können. Denn eigentlich fanden unsere Eltern, dass das Jahr 1946 alles andere als einladend war zur Erweiterung der Familie. Es war einer der kältesten Winter, den es in Deutschland je gegeben hatte. Die Städte waren unwirtlich und zerstört, die Menschen litten Hunger, die Stimmung war gedrückt und von Angst bestimmt. Deutschland war kein Kinderland. Von vielen wurde der Sieg der Alliierten auch nicht als Befreiung, sondern als Schande empfunden. Unsere Mutter hatte lange überlegt, ob sie das dritte Kind überhaupt austragen wollte – und sich dann mehr oder weniger resignierend dazu durchgerungen. Dann sollten es halt drei Kinder sein; aber keines mehr, um Himmels willen, keines mehr!

Unsere Oma, damals nicht gerade mehr quicklebendig, raffte sich auf, als sie von der Krankheit ihrer Enkelin Doris hörte und fuhr ebenfalls gegen alle Vernunft gen Osten, um ihrer Tochter bei der Pflege zu helfen. Die beiden Frauen wetteiferten darum, wer mehr für das kranke Baby auf die Beine stellen konnte, und schleppten sie von Arztstation zu Arztstation, sich gegenseitig beäugend und kontrollierend, bis in Matrei in Österreich die wirre Reise zunächst zu Ende ging. Warum sie dort landeten, weiß eigentlich keiner von uns so recht, außer dass die Nazis dort ein Erholungsheim für Offiziere errichtet hatten. Ihr Mann, unser Vater, war in Kriegsgefangenschaft und sie erfuhr erst relativ spät wo. Ihre eigenen Eltern, bei denen sie zunächst untergekrochen war, versuchten zu helfen, so gut sie konnten, hatten aber selber nichts, auf das sie leichten Herzens hätten verzichten können. Wohnraum war besonders knapp – und so dauerte es ziemlich lange, bis unsere Eltern, nach Rückkehr unseres Vaters aus der Kriegsgefangenschaft, eine Wohnung in der Husarenstrasse im Norden Bonns fanden.

2. Bonn – Husarenstrasse

Eigentlich war es für damalige Verhältnisse eine recht schöne Wohnung, mit drei großen, hohen Zimmern, einer Wohnküche, einem Bad und mit Toilette – Gott sei Dank nicht auf der Treppe. Die Wohnküche war Fluchtraum, Arbeitskemenate und Funktionsraum in einem. Die anderen Zimmer waren vollgestellt mit Betten, Klappbetten und schiefen, hässlichen Schlafcouchen. In der Wohnküche traf man die Mitbewohner, kochte, tauschte Nachrichten und Gehässigkeiten aus. Hier wurde der Schwarzmarkt zugeteilt und die besten Adressen fürs Hamstern, der neueste Klatsch flog über den Tisch und Adressen für Abtreibungen.

In unserem Wohnzimmer gab es einen eisernen Kohleofen, der mühsam mit Briketts beheizt wurde. Abends kam ein in nasses Zeitungspapier eingewickeltes Kohlestück auf die Glut, damit der Ofen über Nacht nicht ausging. Am nächsten Morgen wurde mit viel Puste und kleinen Holzspänen das Feuer wieder entfacht, die Asche 'rausgekratzt und neue Kohle nachgefeuert. Wir Kinder wurden unter Androhung verschärfter körperlicher Bestrafung vom Ofen fern gehalten, weil in den vollgestopften und überbelegten Zimmern zu jeder Zeit durch Unachtsamkeit ein Feuer hätte ausbrechen können. Der Ofen war die einzige Wärmequelle, deshalb blieb die Tür offen, damit ein wenig von der Wärme auf die anderen Zimmer ausstrahlen konnte. Unsere Mutter aber hasste es, die Asche auszukratzen und nach unten zu tragen, weil schon ein Windhauch genügte, um alles in Aschewolken zu tauchen, die sich im Haar und im Gesicht festsetzten. Das war eine Aufgabe, die unser Vaters übernahm. Solche und ähnliche Aufgaben war er zwar nicht gewohnt, früher hatte es in seiner Familie immer Dienstboten gegeben. Doch er beklagte sich nie, denn er akzeptierte stillschweigend, dass früher eben früher war, aus und vorbei...

Eine Wohnung hatten sie nun, die Steinhardts, aber weil die Stadt Bonn zur Linderung der allgemeinen Wohnungsnot andere Familien einwies, war es bald mit dem Frieden vorbei. Eine bunte Reihe teils obskurer, unterhaltsamer, bedrohlicher, jedenfalls völlig unbekannter Menschen zog bei uns ein, sie nahmen Bad und Küche und das dritte Zimmer in Beschlag, redeten laut und in Dialekten, die bislang ungehört waren, lärmten, wenn andere schlafen wollten und hatten andere Eßgewohnheiten als wir. Für uns Kinder waren sie ein Quell der Unterhaltung, für unsere Eltern dagegen ein Stachel im Fleisch.

In unserer Wohnung einquartiert waren: eine Tänzerin, die so spannend war, wie die Familie mit dem quengelnden, ewig weinenden Kind, einem Jungen, der uns im Dunkeln kniff und eine lange Nase machte, wie der Bundesbruder, der aber nur kurzfristig bei uns wohnte, wie das Ehepaar aus Thüringen, das am längsten bei uns blieb. Er, Fritz, klein und hager, sie, Hella, eher moppelig. Er älter als sie, laut und aggressiv, sie freundlich und hilfsbereit. Hella passte auf uns auf, als unsere Mutter endlich eine erste Anstellung im Innenministerium gefunden hatte. Fritz hatte schütteres Haar und trank; Hella versuchte, ihm aus dem Weg zu gehen, wenn er sie im Suff schlagen wollte. Einmal ging er mit dem Feuerhaken auf sie los, brüllte wie ein Irrer und drohte, sie umzubringen. Wir Kinder waren starr vor Angst und Schrecken und plärrten, Hella weinte und schrie – es war richtig was los. Unsere Mutter, die keine Angst kannte, ging auf ihn zu und sagte mit leiser aber harter Stimme, er solle sofort den verdammten Feuerhaken hinlegen, sonst könnte er was erleben. Was er dann auch tat. Von da an war Ruhe, wenn auch kein Frieden zwischen den beiden.

In jeder Wohnung des Hauses in der Husarenstrasse gab es ähnliche Belegungen durch Menschen, deren Laune durch die Enge nicht besser wurde und die unter anderen Umständen freiwillig nie zusammen gezogen wären. In den Badezimmern standen Batterien von billigen Toilettenartikeln, Seifen und Duftwässerchen, die auf dem Schwarzmarkt gehandelt wurden. Es gab bittere Auseinandersetzungen darüber, wer in welcher Wohnung das Sagen hatte. Die Zugewiesenen, zumeist Flüchtlinge, wollten nicht als Menschen zweiter Klasse behandelt werden und beanspruchten Mitspracherechte. In ihren Augen zahlten sie sowieso schon den ungleich höheren Preis für den Krieg. Sie hatten alles verloren, Hab und Gut, Heimat und soziale Anerkennung. Sie hielten auf Distanz und kamen sich inmitten der Altstadtbonner vor, wie Gestrandete von einem anderen Stern. Für uns Kinder war aber alles, was die Zugezogenen machten, spannend. Wir waren nicht mehr die einzigen, die anders waren. Doch, wie unsere Mutter spitz bemerkte, die wären ebenso Krethie und Plethie wie die Altstadtvertriebenen, nur mit einem anderen Dialekt. Und ob das so viel besser wäre, da könne man ein dickes Fragezeichen dahinter machen.

Man rückte sich notgedrungen auf die Pelle in den überbelegten Wohnungen. Es spielten sich Eifersuchtsdramen ab, die wir Kinder aber eher wie Theater begutachteten. Menschen, die unter normalen Bedingungen keinerlei Kontakte mit gerade diesen Nachbarn gepflegt hätten, trafen sich täglich unter intimen Bedingungen, die ihnen frei Haus geliefert wurden – und kamen einander näher, manchmal zu nahe. Andere als die eigene Frau erschienen morgens mit Lockenwicklern im Haar im Badezimmer oder in der Küche, im Morgenmantel über den Dessous oder einem zerzausten Schlafanzug, in Pantoletten. Man konnte sich nicht aus dem Wege gehen. Man sah und hörte mehr, als für den Bestand mancher Ehe gut war. Frauen hingen im Fenster, die Arme auf ein Sofakissen gekreuzt, darüber ein atemberaubender Busen und posaunten triumphierend ihre neusten Beobachtungen über den Hof. Jeder konnte alles mitbekommen: wer gerade mit wem, wer ausgezogen war, wer es mit der da noch getrieben hatte, wer wohl die Väter zu den verschiedenen Kindern waren, und woher die nur immer das viele Geld hatten.

Manche Familie wird ihre Geschichte auf dem Balkon gehört und sich gewundert haben, welche Wendungen ihre wohl gehüteten familiären Geheimnisse im Straßenfunk annahmen. Höchstwahrscheinlich war der Anlass dieser oft monströsen Geschichten eher nichtig, gemessen am Spektakel, das die versammelte Schar daraus machte. Aber es war schön schaurig und verleitete uns Kinder hin und wieder dazu, unsere Mutter zu befragen. Die beantwortete unsere Fragen dann gelegentlich mit „Mundauswaschen" – dem Auswaschen des Mundes mit grüner Seife oder Kernseife –, damit uns die Lust verging, hinzuschauen und hinzuhören, wo es für uns nichts zu sehen oder hören geben sollte.

Unser Vater war stets höflich, begrüßte die Damen aus der Nachbarschaft mit einer freundlichen Verbeugung, lupfte den Hut und freute sich, wenn sie in ihre geblümten Kittelschürzen, auf dem Kopf ein dunkles Tuch, geknotet in der Art der Trümmerfrauen, kicherten. Gummistiefel und dicke Socken sorgten für gesunde Wärme, nicht aber für aufregendes Aussehen. Auch die Mops und Schrubber, die wie mit den Händen verwachsen immer als Stütze neben den Frauen standen, trugen nicht dazu bei, Bilder von Chic und Eleganz, wohl aber von Tüchtigkeit und Handfestigkeit hervorzuzaubern. Und wenn es nicht so total gegen den Komment gewesen wäre, hätte es uns nicht erstaunt, wenn er ihnen auch noch einen Handkuss geschenkt hätte. Aber das, auf offener Strasse, das ging nicht. Nein, das ging wirklich nicht, wie er uns immer wieder erklärte, wenn wir etwas wollten, das mit seinem Bild eines disziplinierten preußischen Gentleman nicht übereinstimmte.

Wir wissen nicht ob die so geschmeichelten Frauen je bemerkten, dass seine Höflichkeit übertünchte, dass nichts ihn dazu bringen konnte, die Standes- und Klassenunterschiede zwischen ihm und ihnen zu übersehen. Er wusste, woher er kam. Das verleitete ihn nicht dazu, hochfahrend zu sein, aber sich mit ihnen zu verbünden, gar gesellschaftlichen Umgang mit ihnen zu pflegen, das war jenseits seiner Vorstellungswelt. So sicherte er sich in seiner eigenen Einschätzung einen besonderen Status, den er mit Kriegsende abrupt verloren hatte: Er war nicht mehr länger ein eleganter, tapferer Offizier, sondern einer, der den Krieg verloren hatte und nun nur noch abgebrochener Student der Jurisprudenz war.

Doch sind da auch noch andere Erinnerungen an das Haus in der Husarenstrasse zu Bonn. Das Haus, in das wir eingewiesen worden waren, hatte einen finsteren Keller, ein dunkles Loch mit grauen Wänden, kleinen Fensterluken, die kaum Licht hereinließen und einer funzeligen Lampe. Die Türen der einzelnen Parzellen waren mit einfachen Holzlatten versperrt; das Ganze war unheimlich und duster, und es herrschte ein dumpfer, muffiger Geruch. Verschlimmert wurde unsere Angst vor diesem Keller durch die Anwesenheit von Ratten, die auf der Suche nach Essbarem durch die Räume wuselten. Man hatte uns erzählt, dass Ratten, wenn sie hungrig sind, so hoch springen könnten, dass sie an die Augen von Kindern herankämen – die sie dann ausschlürften, um ihren Hunger zu stillen. Keins von uns Kindern ist je allein in diesen Keller gegangen. Wenn eine von uns Vorräte hoch holen sollte, musste immer mindestens eine andere mitgehen, damit die Panik gering gehalten wurde. Bei einem dieser Gänge sahen wir unter dem Treppenabsatz einen Mann hocken, wahrscheinlich irgendein armer Kerl, der keine feste Bleibe hatte und ein bisschen Wärme suchte. Der Mann tat uns nichts, hatte vielleicht sogar mehr Angst als wir, aber er hat uns zu Tode erschreckt, so dass aus den gemeinsamen Kellergängen meist ein regelrechter Horrortrip wurde.

Dann gab's da aber auch den selbst gezimmerten Horror. Heide und Dodo hatten Barbara, die die beiden „Großen" gern mal ärgerte, aus Rache erzählt, dass unter Barbaras Bett und auch in der Toilettenschüssel ein böser Mann hocke, der nach ihr greifen oder sie ins Klo ziehen wolle. Da Barbara nicht der Mutigsten eine war, weckte sie ab diesem Zeitpunkt jede Nacht Heide oder Dodo, damit die sie auf die Toilette begleiteten, um Böses abzuwenden. Die saßen dann total verschlafen auf dem Badewannenrand und ärgerten sich schwarz, diese blöde Geschichte erfunden zu haben.

Und dann war da noch die ganz besondere Nachbarschaft - das „Römerschlösschen." Mit allem hätte unser Vater sich abgefunden, aber das unmittelbare soziale Umfeld, überwiegend ausgebombte Altstadtbewohner mit einer aus Enge und Zorn gefütterten Aggressivität, irritierte ihn gewaltig. Das Römerschlösschen war eine dunkle Angelegenheit, eine ehemalige Kaserne, Zugang durch Außenpforten, die die Bewohner glauben ließen, sie seien Bewohner einer Burg, zu

der nur sie den Zugang gestatten konnten. Hinter den Mauern fühlten sie sich so sicher, dass selbst ein Großeinsatz der Polizei sie nicht schrecken würde. War ein Polizist aber mutig genug, in die Kemenaten einzudringen, wurde er gefoppt und an der Nase herumgeführt – mal in die eine, mal in die andere Ecke, bis alles, was verräterisch hätte sein können, weggeschafft worden war.

3. Erziehung zu Höflichkeit und Disziplin

Wir Kinder wurden dazu angehalten, stets höflich zu sein, auch Offensichtliches nicht zu bemerken. Für vorlaute Fragen gab es einen Knuff oder gar eine Ohrfeige von unserer Mutter, ein laut und scharf gezischeltes „lass´ das" – und für Dialektsprechen eine heftige Rüge von unserem Vater. Er achtete auf Disziplin. Er erwartete, dass man das, was man versprochen hatte, auch erledigte. Er hasste Tränen und Szenen und wurde ungehalten, wenn man sich drücken wollte. Später, als seine Töchter zu jungen Frauen herangewachsen waren, wurde er auf geradezu rührende Art und Weise zum Kavalier. Seinen verheirateten Töchtern trug er Einkaufstaschen und Paketchen, die sie mit Leichtigkeit kilometerweit selbst hätten tragen können. Er war ritterlich und stolz auf seine Kinder. Und er hat nie erkennen lassen, dass ihm ein Sohn lieber gewesen wäre. Seine drei Töchter waren seine drei Töchter und kein Gedanke an einen möglichen Stammhalter konnte dieses große Gefühl kleiner machen.

Anders unsere Mutter, die es nicht fassen konnte, dass sie zwar 13 Brüder gehabt hatte, die wiederum fast alle Söhne bekamen, sie selbst aber nur Mädchen geboren hatte. In ihren Augen war das ein Grund zum Selbstmitleid. Mädchen waren eine dauernde Unbekannte in der Gestaltung der Zukunft. Mädchen mussten teuer verheiratet werden. Sie kannte tausend wahre oder nicht so wahre Geschichten über leichtsinnige Eltern, die an der Bezahlung und Ausgestaltung der töchterlichen Eheschließungen Pleite gegangen waren.

Mädchen brauchten eine „Aussteuer." Unsere Mutter hat nie verstanden, warum wir auf die Frage, ob wir lieber eine Ausbildung oder eine Aussteuer haben wollten, die Aussteuer verschmähten, weil es einfach zu deprimierend war, sich vorzustellen, wie Jahr für Jahr zu jeder Gelegenheit Spültücher, Bettwäsche, Handtücher für oben und Handtücher für unten, Messertücher und Besteck in einen Aussteuerkorb wandern würden. Ihre Schwägerinnen, sonst nie auf ihrer Seite, feuerten sie an, an dieser Stelle die notwendige und heilsame Strenge walten zu lassen. Wir hatten sie immer im Verdacht, dass sie von ihrer ungezählten Aussteuerwäsche, die sie bis zu ihrem Tode nicht mehr anrühren würden, unsere Aussteuerkisten auffüllen wollten.

Und dann war da noch die Geschichte mit der Schande, in die Mädchen geraten konnten. Jungs bekamen eine Tracht Prügel oder Hausarrest oder Taschengeldkürzung oder alles zusammen und waren die Verantwortung los. Mädchen konnten ihre Zukunft abschreiben, sich gleich in den Rhein stürzen oder versuchen, in einem katholischen Nonnenkloster Arbeit zu finden. Einen Bundesbruder würden sie auf jeden Fall nicht mehr bekommen und auch keinen anderen ehrenwerten jungen Mann. Nein, Mädchen waren kein Posten auf der Habenseite, wenn man am Ende unter alle diese Kalkulationen einen Schlussstrich zog. Mädcheneltern mussten immer befürchten, um die Früchte ihrer Erziehungsarbeit betrogen zu werden. Unsere Mutter muss ihre drei Töchter als Gottesprüfung empfunden haben, eine Prüfung, die sie ihrer Meinung nach nicht verdient hatte.

4. Unsere Mutter – wohl beschützt

Sophia, unsere Mutter, war nicht fromm, aber sehr katholisch. Was Wunder. Aufgewachsen im rheinisch-katholischen Klüngel, der ihr Leben bestimmte, war die Kirche die einzige Einrichtung, bei der nicht immer einer ihrer vielen Brüder oder der Vater wie ein Wachhund an ihrer Seite stand. Die farbenfreudigen, weihrauchgeschwängerten Gottesdienste, die Kommunion, der Karneval, das waren die

Abwechslungen, die sich die Familie auch bei knappsten finanziellen Mitteln leisten konnte, die Rhythmus in ihr Leben brachte und kleine Fluchten erlaubte.

Dreizehn Geburten, Früh- und Fehlgeburten eingerechnet, hatte unsere Großmutter ertragen, lauter Jungens – und dabei wollte sie doch unbedingt ein Mädchen. Als Sophia dann endlich da war, wurde der Ehemann über Nacht aus dem ehelichen Schlafzimmer und Bett hinauskomplimentiert, was er sich ohne Murren gefallen ließ und ins Zimmer seines jüngsten Kindes, seiner Tochter hineinkomplimentiert. Dafür bekam die Tochter sein Bett – und sie würde es bis zur Einberufung in den Kriegsdienst als Sekretärin des deutschen Marineadmirals in Brest nicht mehr verlassen. Was Opa sich dabei gedacht haben mag, weiß niemand von uns genau; er soll aber nicht sehr lange einsam geblieben sein. Es gab immer eine nette, unerfahrene Kollegin im Betrieb, die dankbar für lehrreiche Hinweise war. Böse Zungen behaupten, dass Opa die Sonntagsspaziergänge mit einer Frau zur Rechten und einer Dame zur Linken absolvierte. Wenn es denn so war, muss es unserer Großmutter herzlich egal gewesen sein.

Was die beiden Frauenzimmer, Mutter und Tochter, von den Arrangements dachten, ist dagegen überliefert. Jeden Abend lagen sie nebeneinander im Bett, aßen die übrig gebliebenen Kuchenteilchen des Tages, vom Bäcker unten im Haus, quatschten und tratschten und fühlten sich besser als der Rest der Welt. Später würde es Sophia unmöglich sein, alleine in einem Zimmer zu schlafen. Wenn immer unser Vater auf Dienstreise war, musste eine von uns Töchtern für die Nacht umziehen und ihr helfen, ihre Angst vor der Dunkelheit zu überwinden.

Die vielen Brüder und der Vater beobachteten die kleine Sophia eifersüchtig, passten auf und ließen sie keinen Schritt unbeobachtet. Sonntags war Kirche angesagt und sonst gar nichts. Sie durfte sich nicht mit Freundinnen treffen und wenn einmal doch, war immer ein Bruder dabei. Sie wird mit Sicherheit dieser Kontrolle hin und wieder entflohen sein, aber welch eine Erleichterung, als der Bund deutscher Mädchen (BDM) sonntägliche Rudertouren und Wochenend-Zeltlager anordnete. Ohne Kampf hatte unsere Mutter einen Freiraum bekommen, von dem sie nur zu träumen gewagt hatte – und der in der Stellung als Vorzimmerdame des deutschen Admirals der Kriegsmarine in Brest an der Atlantikküste ihre Krönung fand. Keine Sophia mehr, die klammerte, kein Vater, der den Auszug aus dem ehelichen Bett zu rächen hatte, kein Bruder aus der Zahl von 13, der seine kleine Schwester drangsalieren konnte.

Das beobachtet werden war Sophia aber so zur zweiten Natur geworden, dass sie diese Mechanismen nahtlos auf ihre drei Töchter anwenden konnte. Jeder Schritt wurde überwacht, damit wir nicht vom tugendsamen Pfad abkamen, jedes Hüsterchen registriert, denn ein früher Tod lauerte überall. Dabei wurden uns die ungeschriebenen ehernen Grundsätze, die unser Überleben garantieren sollten, tausendfach ins Hirn gehämmert: kalter Kaffee macht schön, Bier und Gurkensalat endet in der Intensivstation, Obst und Wasser, insbesondere grünes Obst führt schnurstracks auf den Friedhof, Haut auf Milch macht stark, Lebertran ist so gesund, dass man dankbar für seinen grauseligen Geschmack sein muss, Wasser aus dem Wasserhahn in der Küche zu trinken ist, wenn schon nicht tödlich, dann zumindest hirn- und leberschädigend, denn Heerscharen von Bakterien und ähnlich grässliches Zeug warteten in der Leitung darauf, uns kirre zu kriegen. Autofahrer wollten kleine Mädchen überfahren, böse Männer kleine Mädchen überfallen. Wir bibberten und zitterten vor allem und malten uns so voller Schrecken aus, was wohl alles passieren konnte.

Unsere Mutter bestand darauf, dass wir immer zu dritt zusammenblieben und das zu durchquerende Gelände strategisch aufteilten und beobachteten. Noch heute haben wir Angst davor, alleine im Dunkeln irgendwo hinzugehen, allerdings Mut genug, keiner verbalen Auseinandersetzung aus dem Weg zugehen. Selbst vor Männern, die mehrfach unser Lebendgewicht mit sich 'rumtragen, setzen wir unsere Gosche ein; aber wehe ein Mäuschen läuft am Abend im Dämmerlicht über unseren Weg. Nicht die Maus ist der Schrecken, sondern das Dunkle an sich.

Als Kind hatte Heide „Hirnhautentzündung" – wie unsere entgeisterten Eltern von der Klassenlehrerin in der Quinta erfuhren. Sie hielt den herbeizitierten Eltern einen von Tippfehlern wimmelnden und auch sonst recht eigenwillig gestalteten Brief vor, in dem unser Vater darum bat, das Fehlen seiner Tochter Heide Marie zu entschuldigen, das *Kinde* hätte an dem Tag an Hirnhautentzündung gelitten. Unterschrieben in krakeliger Kinderschrift, ohne freundliche Ansprache, ohne Schlussfloskel.

Es gab eine heftige Tracht Prügel von der Mama: „Du hast mich lächerlich gemacht. Deine Lehrerin könnte glauben, ich wäre mit einem Mann verheiratet, der kein Deutsch kann." Und dann noch eine Extra-Portion, weil Heide den Doktortitel unseres Vaters unterschlagen hatte, den dieser sich in Rekordzeit erarbeitet hatte. Vor dem Krieg „...war Euer Vater etwas." Danach stand er, wie viele andere, auf der Schattenseite der sozialen Hackordnung. Offizier, der aus einem verheerenden Krieg nach Hause kam, mitleidslos von den Deutschen, „die es ja schon immer gewusst hatten" für den Verlust haftbar gemacht, abgebrochenes Studium, kein

Beruf, keine Aussichten, drei Kinder und eine Frau, die mit dem tiefen Fall aus den Höhen der Offiziersgattin zur Frau eines sozialen Outcast nicht zurechtkam.

5. Unser Vater – muss hamstern und studieren

Vaters Versuche, beim Hamstern und auf dem Schwarzmarkt erfolgreich zu sein, bescherten seiner Frau graue Haare und regelrechte Alpträume; und die Brüder und Schwägerinnen schlugen sich auf die Schenkel über seine offensichtliche Hilflosigkeit. Die Bundesbrüder, aus bierseliger Zeiten eingedenken in den Himmel erhoben, drohten ihn aus der Burschenschaft auszuschließen, weil er keinen akademischen Abschluss hatte und sich als Handelsvertreter eher melancholisch durchzuschlagen versuchte. Sagten seine Kunden, dass sie nichts bräuchten, dann brauchten sie eben nichts. Das sah er ein und hätte ihnen am Ende am liebsten noch was dazugezahlt, wenn sie ihm ihre Situation mit bewegenden Worten schilderten. Nur die Angst vor seiner Frau hinderte ihn an solch törichtem Tun.

Sophia verhandelte an der Universität in Bonn, welche seiner aus Vorkriegszeiten erworbenen akademischen Scheine angerechnet werden konnten. Sie bemühte sich, aus Halle und Königsberg wasserfeste Nachweise seiner damaligen Studien beizubringen. Sie besprach mit einem mitfühlenden Professor, der sich mit Dutzenden ähnlicher Schicksale herumgeplagt hatte, den Verlauf seines Reststudiums, damit er möglichst schnell fertig werde. Sie notierte die Hörsäle und erklärte ihm, wann und wo er sich zu den Vorlesungen einzufinden hatte. Er sah keinen Sinn in all dem, wollte sich gehen lassen, empfand sich als Versager und haderte mit sich und der Welt, seiner Frau und den Bundesbrüdern. Er würde ihnen Zeit seines Lebens nicht verzeihen, dass sie ihn fallengelassen hatten. Ihr hochfahrendes Unverständnis dafür, dass es nicht sein persönlicher Fehler war, nach Kriegsende ohne akademischen Abschluss dazustehen, würde ihn immer kränken – aber dennoch nicht dazu bewegen, dem ganzen den Rücken zu kehren.

6. Protestanten und Katholiken

Die Steinhardts waren Protestanten. Schon das Wort allein war in der katholischen Umgebung, in der wir lebten, eine herbe Herausforderung. Dabei waren wir eigentlich gar keine richtigen Protestanten, sondern Ergebnis einer Ehe, die nach damaliger katholischer Auffassung gar nicht sein durfte. Unsere Mutter war ja Katholikin, heiratete aber einen Protestanten und flog damit aus ihrer Kirche raus. Mit Ingrimm und tief getroffen ließ sie ihre Kinder daraufhin evangelisch taufen aber katholisch erziehen – bei den Schwestern des Ordens Unserer Lieben Frau in Bonn.

Katholische Riten waren uns vertraut, ebenso wie der Weihrauch, das Knien auf harten Kirchenbänken, die Vesper, das frühe Aufstehen. Wir wollten alles richtig machen, denn aus dem Spott der Kinder der Husarenstrasse folgerten wir nicht zu Unrecht, dass wir eine verschwindende Minderheit waren. Unser Traum war es, „Engelchen" zu Fronleichnam sein zu dürfen: weiße Kleidchen und weißer Blumenkranz im Haar, weiße Kniestrümpfe und schwarze Lackschuhe. Schön; richtig schön. Aber Pustekuchen. Wir durften keine Engelchen sein, weil wir nicht zur Kommunion gegangen waren und dahin konnten wir nicht, weil wir Protestanten waren. Hochdeutsch reden und keine Engelchen sein: das war eigentlich mehr als das kollektive Bewusstsein unserer Strasse ertragen konnte.

Nur eine Sache machte uns zu allseits beliebten Handelspartnern: Wir brauchten keine Sünden. An jedem Freitagnachmittag konzentrierten sich die katholischen Nachbarkinder darauf, für die Beichte am Wochenende Sünden zusammenzutragen, die nicht zu schwer (weil allzu sehr Bußebehaftet) und nicht zu leicht waren (weil, Hochmut kommt oft vor dem Fall). Es durften nicht die Sünden der vorherigen Woche sein, und sie mussten sich von den Sünden der anderen unterscheiden. Eine Runde Rosenkranz, drei Vaterunser, das schien akzeptabel als Buße, mehr aber auch nicht.

Wir Kinder hingen mit den Knien über der Teppichstange im Hof, ließen die Köpfe nach unten baumeln und dachten uns passende Sünden aus, die wir großzügig unseren Nachbarkindern überließen, weil die sie brauchten, wir aber nicht. Die konnten dafür am Sonntag an der heiligen Kommunion teilnehmen, wir nicht, wofür es wiederum verachtungsvolle Ablehnung gab.

Wir durften im Kindergottesdienst auch keine Kerzen spenden. Das sei viel zu teuer, befand unsere Mutter. Auch der Klingelbeutel ging an uns vorbei. Kirchliche Hilfsdienste, wie andere Kinder sie als Kompensationsgeschäfte gerne und bereitwillig ableisteten, weil ihr Einzug dereinst in den Himmel damit immer sicherer wurde, waren uns versagt. Wir würden sowieso in die Hölle kommen; die katholischen Kinder schlimmstenfalls ins Fegefeuer, das ja nicht für die Ewigkeit gedacht war und dessen Aufenthaltsdauer durch eifriges Sündenbekennen und Buße tun auch noch verkürzt werden konnte.

7. „Meerstern – wir Dich grüßen"

Unsere Karten standen also schlecht, was uns sehr besorgt machte. Wir wollten nicht in die Hölle - und so absolvierten wir aus eigenem Drang eine fromme Periode des Kirchenliedersingens und des Betens, bei uns zu Hause, in unserem Schlafzimmer, tunlichst, wenn unsere Eltern ihren abendlichen Spaziergang machten, um sich von uns und anderen Strapazen zu erholen. Wir sangen mit solcher Inbrunst „Meerstern, wir Dich grüßen; oh, Maaariaaa hilf…" und so laut, dass sich die Nachbarn prompt beschwerten und unser Vater sich bei uns erkundigte, ob wir meschugge seien. Wir beteten Rosenkranz, ebenfalls laut und oft, wir beteten Vaterunser, wir wollten der Hölle um jeden Preis entkommen.

Die anderen Kinder der Husarenstrasse, die sich vor solch frommen Anstrengungen drückten, wo sie nur konnten, und auch nicht davor zurückschreckten, ihre Sünden bei der wöchentlichen Beichte zu lässigen Dummheiten aufzuschönen, hätten uns mit Hohn und Spott überhäuft, hätten sie uns in unseren Betten gesehen, vor Religiosität glühend, singend und betend. Engelchen wurden wir dennoch nicht und ob wir in die Hölle oder nur ins Fegefeuer kommen werden, ist noch nicht raus.

8. Vom Kaufen und Anschreiben…

Von Geld und was man damit machen konnte, hatten wir als Kleinkinder nicht die geringste Ahnung. Einkaufen war uns fremd, außer dass es bei unseren Eltern immer zu nervösen Spannungen kam, wenn die Rede davon war. Immer musste etwas mitgenommen werden, was die Polizei nicht sehen durfte, um es gegen etwas anderes wie Zigaretten und Speck,

Eier und Fett umzutauschen, was die Polizei auch nicht sehen durfte. Diese Hamstertouren bedurften des Mutes und guter Nerven, die unser Vater nicht hatte, unsere Mutter allerdings reichlich, auch wenn sie später zugab, nicht ohne Herzklopfen auf diese Touren gegangen zu sein. Sie konnte zwar Polizisten und Soldaten um den kleinen Finger wickeln, wenn es notwendig war, aber ihre Vorstellung von gemütlichem Einkaufen war das nicht. Außerdem war es immer schwer zu kalkulieren, was denn nun Teile eines Silberbestecks, ein Spiegel, ein Bild, Gläser, Tisch- und Bettwäsche zu einem bestimmten Zeitpunkt umgerechnet in Speck, Eier oder Sahne wert waren.

Die Währungsreform 1948 war für unsere Eltern ein wichtiges Datum in ihrem Leben – und wir Kinder wurden davon angesteckt. Ausstaffiert in unserem Sonntagsstaat, unser Vater im besten Anzug, unsere Mutter im besten Kleid, marschierten wir zur Ausgabestelle des „neuen Geldes." Hast Du die Ausweise dabei; ich finde die Benachrichtigung nicht. Hoffentlich gibt es genug neues Geld für alle. Sieh mal, da sind die … mit ihren vielen Kindern: ob die auch alle neues Geld wollen?

Spannung lag in der Luft, Aufregung und Erwartung. Endlich wäre man nicht mehr so sehr abhängig von der Gnade der „Hamster-Partner." Endlich würden die Geflüchteten, die alles hatten zurück lassen müssen, nicht mehr von den Einheimischen, die auf Bergen von Aussteuer und Hausrat saßen, als Menschen zweiter Klasse betrachtet. In dem neuen Geld steckte also mehr als Kaufkraft und Währungsschnitt, darin steckte ein gesellschaftlicher Neuanfang, Hoffnung, neues Glück und neue Chance.

Wir waren zwar etwas Besseres, aber arm dran waren wir dennoch. Auch fehlte unseren Eltern die Leichtigkeit und der Leichtsinn, mit der die Nachbarn „anschreiben" ließen und sich einen Teufel darum scherten, ob es denn bis zum Monatsende reichen würde oder nicht. Wenn Geld da war, verschwand es in Blitzeseile irgendwo, oft in Kneipen, – „sinnlos verprasst", wie unsere Mutter sagte, „ohne Verantwortung für die Familie", wie unser Vater bemerkte. Wir verstanden das alles nicht so recht, wussten aber, dass das Ende der sinnlosen Prasserei erst rheinische Gesänge und dann Prügel für Frauen und Kinder bedeutete. Mit dem Kater kam für die Bewohner der Husarenstrasse die Erkenntnis, dass das Geld futsch war. Dann musste gespart und trocken Brot gekaut werden.

Wir ließen zwar nicht anschreiben, aber zum Einkaufen bekamen wir Kinder bis auf den Pfennig abgezähltes Geld mit – und wehe, die Waage zeigte ein Gramm zu viel. Dann stimmte es nicht mehr mit dem Geld, dann musste unter den mitleidig-spöttischen Augen derjenigen, die den Mut zum anschreiben hatten, eine halbe Scheibe Wurst wieder in die Theke oder ein halber Löffel Rübenkraut zurück ins Fass.

9. ...Essen und Bevorraten

Der Wochenspeiseplan hatte etwas von einem Ritual an sich: Sonntags Braten, montags die Reste davon, dienstags Eintopf, mittwochs und donnerstags Kartoffeln mit Kohl, Reibekuchen, ‚Himmel und Äärd', Sauerkraut, ein wenig Speck, viele Hülsenfrüchte. Im Sommer Salat aus dem kleinen uns zugeteilten Gärtchen hinterm Haus, Bohnen, Erbsen, Tomaten und Möhren, Kartoffeln und Zwiebeln. Das war die Domäne unseres Vaters. Für Pflanzen hatte er ein Gespür, die akkuraten Beete gefielen ihm und vor allem: Hier konnte ihm niemand reinreden. Freitags gab es so sicher wie das Amen in der Kirche Fisch, den unsere Mutter zwar hasste, den wir aber essen mussten, aus religiösen Gründen und überhaupt. Also aßen wir am Freitag Fisch und Kohl und Sauerkraut. Der Geruch danach hing wie Klette im Hausflur. In der Bonner Tageszeitung, Rubrik Heim und Herd, wurden Tipps und Tricks verraten, wie man wieder ‚fischgeruchsfrei' werden könne. Aber wenn es nicht der Fisch war, dann war es der Kohl; wenn es nicht der Kohl war, dann war es das Sauerkraut; und wenn es nicht das Sauerkraut war... Es roch immer! Samstags dann Würstchen mit Kartoffelsalat. Später, als unser Vater endlich Geld verdiente, Buletten und noch später Schnitzel. Und sonntags wieder Braten.

Es wurde eingeweckt, eingelegt, konserviert, getrocknet und Vorsorge getroffen. Weißkohl wurde in der Küche stundenlang mit einem Hobel zerkleinert, in riesigen Tonfässern geschichtet und mit Salz bestreut. Obendrauf ein Teller, darauf ein schwerer Stein und ab in den Keller in eine dunkle, kühle Ecke, bis daraus Sauerkraut für den Winter geworden war. Endlose Reihen von Weckgläsern wurden gereinigt und sterilisiert, Gummiringe zum Verschließen bereitgestellt. Wir Kinder hatten das Gefühl, dass die unendlichen Mengen an Zwetschgen, Kirschen, Pflaumen, Mirabellen und Pfirsichen, die vor uns zum Entkernen aufgetürmt wurden, nie enden würden.

Dann waren da noch die Stachelbeeren, die zu Apfelmus verarbeiteten Äpfel, geschälte, geviertelte Birnen, Himbeeren, Johannisbeeren und Schnibbelbohnen, die in die Weckgläser mussten. War alles beschriftet und sauber verschlossen, kamen auch diese Schätze in den Keller in die Holzregale. Daneben lagerten in inniger Nähe, aber ohne Berührung, damit es keine braunen Fäulnisflecke gab, frische Äpfel und Birnen, Sellerie und Möhren. In einer Holzschütte waren Zentner von Kartoffeln und Zwiebeln für den Winter eingelagert. Und irgendwo am Rande lagen die Briketts, immer drei nebeneinander gestapelt.

Sophia hatte doppelte Sicherheitsschlösser angebracht, um ihre und unsere Mühen vor diebischen Nachbarn zu schützen. Allmählich übertraf die Zahl der nicht im laufenden Produktionsjahr aufgegessenen Weckgläser die der gerade hergestellten. Wir kannten zwar kein Verfallsdatum, aber jeder wusste, dass nach bedauernswert kurzer Zeit die Gummiverschlüsse nicht mehr dicht waren und Luft eindringen konnte. Dann fingen die Weckgläser an zu sprudeln und gären, zu zischen und zu riechen. Nach kritischer Beäugung wurde das nicht mehr Genießbare weggeworfen.

Die Kartoffeln, im kühlen Dunklen eigentlich gut aufgehoben, fingen undankbarerweise an zu keimen und violette Flecke zu entwickeln, bis sie so schrumpelig waren, dass sogar die geizigste Seele vor ihrem Genuss zurückschreckte. Auch die Zwiebeln wurden renitent, schossen und verloren an Form und Frische. Die Möhren sahen bedauernswert aus und der Sellerie müffelte. Die Äpfel bekamen doch die braunen Flecke, vor denen sorgfältiges und regelmäßiges Polieren sie bewahren sollte, und auch die Birnen entwickelten einen

Hang zur Matschigkeit. Nur die aufgestapelten Briketts verloren nie die Fassung.

Irgendwann befand jemand, dass diese Art von Bevorratung zu teuer wurde und vor allem viel zu anstrengend. Die Zahl der Weckgläser wurde daraufhin kleiner, die Säcke von Äpfeln und Kartoffeln weniger und dann wuchs die Einsicht, dass es billiger und bequemer wäre, wöchentlich einzukaufen, statt einzumachen. Es wurde nur noch genommen, was gerade auf dem Markt war, aus der Region stammte und preiswert angeboten wurde. Heute würde man das wohl „nachhaltiges Hauswirtschaften" nennen, damals beschämte uns die Armut, die zu solch lobenswertem Tun zwang.

Dann, als es das Gärtchen nicht mehr gab, weil die Menschen inzwischen ohne diese Hilfe leben konnten, war auch Schluss mit der Abwechslung im Steinhardt´schen Kochtopf. Unsere Mutter entdeckte die Spiegeleier: Spiegeleier mit Paprika, Spiegeleier mit sauren Gürkchen, Spiegeleier mit Pfeffer, Spiegeleier pur und Spiegeleier mit Senf. Das ging schnell und konnte von uns Kindern auch ohne Beaufsichtigung gemacht werden. Statt selbst gemachter Thüringer Klöße gab es Fertigknödel aus der Tüte, vorbei die Zeit der Weckgläser. Als Getränke Wasser oder dünner Tee, Kaffee in Form von Muckefuck und Obst nach Jahreszeiten, Butter gekratzt, Marmelade zu teuer. Schokolade: Fehlanzeige. Kaffeeteilchen: nichts da. Weißbrot: wo kämen wir da hin. Reis und Nudeln: ihr seid wohl verrückt geworden.

Es wurde gegessen, was auf den Tisch kam, ob wir das nun mochten oder nicht. „Mecke dut" (es schmeckt gut), dieses Lob haben wir zwar noch in Erinnerung, vielleicht aber nur, weil es so selten vorkam. Lieblingsspeisen gab es eher dem Zufall entsprechend und viele Früchte, wie Bananen und Orangen kannten wir lange Zeit nicht mal dem Namen nach.

Diese eiserne Disziplin, geboren aus den finanziellen Nöten unserer Eltern hatte allerdings auch eine gute Seite: Noch heute können wir drei bei offiziellen Terminen ohne eine Miene zu bewegen, Essen schlucken, das wir für nichts in der Welt mögen. Nur bei fettem Fleisch gab es eine Ausnahme. Unsere Mutter mochte es nicht und deshalb kam es erst gar nicht auf den Tisch.

10. Plätzchen backen

Jedes Jahr um die Novembermitte herum entwickelte Sophia einen fast beängstigenden Ehrgeiz, Weihnachtsplätzchen in vielfältiger „Sortierung" herzustellen. Sie, deren Kochgelüste und Kochkünste sonst eher gen Null tendierten, wurde hyperaktiv, natürlich immer fleißig (erzwungen und unfreiwillig) unterstützt von uns drei Töchtern. Es wurde abgemessen, abgewogen, geknetet; Nüsse wurden gerieben, Mandeln mit kochendem Wasser übergossen, um sie dann ihrer Schale zu entledigen (Sophia nannte das „Mandeln flitschen"), zu häckseln oder zu stifteln, denn bereits gehackte Mandeln wären zu teuer gewesen. Rosinen wurden eingeweicht, Zitronat und Orangeat fein gewürfelt, und dann wurden aus dem fertigen Teig Plätzchen ausgestochen. Die ganze Angelegenheit war der verbissene Versuch, mit 15 oder mehr Plätzchensorten – immer wieder nachgezählt und uns als nachahmenswertes und löbliches Beispiel dargestellt – im Nachbarn- und Verwandtenkreis als beste Bäckerin dazustehen, die keine Anstrengung und Mühe scheute, um die Weihnachtsidylle hochzuhalten.

Die Plätzchen wurden in Blechdosen unterschiedlichster Formen gelagert, um – je nach Ausgangskonsistenz – hart oder weich zu werden. Sophia bewachte ihre Schätze mit Argusaugen, damit auch ja keiner von uns auf die Idee kam, von den Vorräten zu stibitzen. Zu Weihnachten wurde die Pracht dann auf genau fünf Weihnachtsteller verteilt, und auch hier passte sie wie ein Schießhund auf, damit keine unwillkommene Hand ihren Weg in den falschen Teller fand.

Der Preis dieser vorweihnachtlichen hektischen Backaktivitäten war jedes Jahr ein mehr oder minder dramatisch vorgebrachter „Nervenzusammenbruch" unserer Mutter, der ab dem zweiten oder dritten Mal nur noch unseren Vater beunruhigte – für uns war er eher das untrügliche Zeichen, dass wir wieder einmal bei der Zubereitung des roten Heringssalates für den Heiligen Abend auf uns selbst und die Hilfe unseres Vaters gestellt waren, die Teilnahme unserer Mutter an dieser Arbeit aber vergessen konnten. Dieser Heringssalat bestand aus 18 unterschiedlichen Zutaten – „18, zählt mit, damit nachher auch ja keine fehlt" –, die wir zusammen mit unserem Vater schnitten, würfelten und untereinander rührten, unbedingt alles in gleichmäßige Scheibchen und Würfel zerteilt; die Oberaufsicht oblag dann doch wieder der „nervenzusammengebrochenen" Mutter.

11. Die Essens- und Spielgewohnheiten der Kleinen

Dodo aß nicht. Sie klemmte die Lippen zusammen und wollte weder süß noch salzig, weder flüssig noch fest. Misstrauisch beäugte sie alles, was ihr vorgesetzt wurde und versank in sich, ein Bild des Widerstandes. Unsere Mutter bettelte und flehte, hielt kleine Löffelchen appetitanregend vor die töchterliche Nase und erwartete den stündlichen Hungertod ihrer Tochter. Unser Vater, der die Faxen dicke hatte, wurde eher wütend. Ob aus Sorge oder Eifersucht, weil die gesammelte Aufmerksamkeit seiner Frau bei Dodo war, wer weiß. Wenn es gelang, dem sturen Kind etwas zwischen die Lippen zu klemmen, dann verschob sie dies in eine Backentasche und bewegte von Stund an keinen Gesichtsmuskel mehr, bis unsere Mutter das Kind mit dem Finger vom Schlucken befreite und die Backentaschen ausräumte.

Barbara machte keine solchen Fisimatenten. Sie aß, was ihr schmeckte, bekam ihrer wunderschönen blonden Locken und ihrer hübschen blauen Augen wegen hier eine Wurstscheibe, dort ein Apfelstückchen, Kuchenreste, Bananenscheiben. Sie konnte überhaupt nicht zustimmen, dass Essen unangenehm wäre.

Heide, die rasch wachsende Bohnenstange, fraß dagegen wie ein Scheunendrescher unterschiedslos alles: Brotkrusten, Käseränder, kalte Kartoffeln, Wäschestärke, schlappe Salatblätter, Löwenzahn und Sauerampfer, grüne Kirschen und Pflaumen, unreifen Rhabarber, harte Stachelbeeren und Äpfel. Wie viele Male musste Mutter Sophia Kamillentee brühen, warme Wärmflaschen auf den trommelrund aufgeblähten Bauch legen und Vorträge über die Dummheit ihrer ältesten Tochter halten.

Das alles klingt nicht unbedingt nach Hunger leiden, wir lebten aber auch nicht üppig. Wir kamen mit unserer knappen Kasse durch und vermieden so den „Kuckuck", der bei unseren Nachbarn nur allzu oft aufgeklebt wurde. Die durften in guten Zeiten Zucker auf ihr Butterbrot streuen – weißes natürlich, mit Rosinen – wie wir neidvoll feststellten, bekamen Sahnestücke, die wir noch nie gesehen hatten und lutschten süße und klebrige Bonbons in grellen Farben. Köstlichkeiten, wie in der Nase prickelndes Brausepulver, das wunderschöne Rülpser erlaubte, Lakritze und Salmis. Wir befanden, dass die im Paradies lebten. Wir mussten stattdessen glitschigen, ekligen Sago in Milch essen. Milch, auf der oben eine Haut stand, die selbstredend mit getrunken werden musste. Wehe, wir wurden dabei erwischt, wie wir versuchten, die Haut an den Tassenrand zu pusten, damit sie dort kleben bleiben möge.

Unser Leben war mit Sicherheit gesünder, deren Leben unterhaltsamer und genussvoller. Die tranken süßen Wein und Bier; wir tranken Wasser, Tee und Milch. Die bekamen Teilchen, wir bekamen Lebertran, Lebertran pur, ohne Geschmacksveredelung. Die aßen eine Vorform von Fastfood, wir lebten gesund. Die gingen in Kneipen und zu Karnevalsveranstaltungen, wir durften manchmal unseren Vater begleiten, der zum Billardspielen ins Hinterzimmer der Eckkneipe ging und nuckelten dort an einer Brause – zu Dritt.

Wir hatten nicht Viel, womit man spielen konnte: ein paar alte Rollschuhe von unserer Mutter, einen windschiefen Puppenwagen, keine Fahrräder, Puppenhaus oder ähnlich Aufwändiges. Man musste sich also was einfallen lassen. Und uns fiel etwas ein: Auf der Rheinuferstrasse warteten wir, bis die Straßenbahn kam, dann spurteten wir los und sausten vor der Bahn über die Schienen. Wenn der Schaffner sich mit hochrotem Kopf aus der Bahn beugte und uns eine

Tracht Prügel versprach, der Fahrer wie verrückt klingelte, dann war das für uns das Tollste, was wir uns vorstellen konnten. Dass wir uns, die wir mit Pantoffeln oder zu großen Schuhen herumliefen, nicht verstolperten, grenzt an ein Wunder. Irgendeine Nachbarin, die vergebens versucht hatte, uns von dem Wahnsinn abzuhalten, trabte zu unserer Mutter, die wie besessen die Straße runterraste und uns – diesmal allen – eine Tracht Prügel verpasste.

Mit Beginn der Spiegeleiperiode, aßen wir allerdings auch nicht mehr gesünder. Unser Vater hatte endlich eine Stelle beim Arbeitsamt in Bonn gefunden, die ihm gesellschaftliche Anerkennung, berufliche Perspektiven und soziale Sicherheit garantierte und auch seine nölenden Bundes-brüder zufrieden stellte, da er ja jetzt ein abgeschlossenes akademisches Studium vorweisen konnte. Er ging mittags in die Kantine, wir aßen Spiegeleier, weil unsere Mutter das Kochen hasste – wie die ganze Hausarbeit und die immer wiederkehrenden Pflichten, das Einkaufen, das Spülen, das Waschen und das Bügeln. Sie verweigerte sich – und ihre drei Töchter verweigern sich bis heute den Spiegeleiern.

12. Die Vati-Mutti-Masche

Unser Vater, der jahrelang mit Engelsgeduld Sophia's Überlegenheit in praktischen Dingen des Lebens akzeptiert und auch gewürdigt hatte, bekam mit seinem Studienabschluss zum ersten Mal ein Argument (eine regelrechte Waffe) in die Hand, das er gegen sie nutzen konnte, weil sie an Klassen und Klassenzugehörigkeit glaubte. Die Frau eines Akademikers darf bestenfalls dann arbeiten, wenn sie auch Akademikerin ist. Eine Beschäftigung als Sekretärin und sei es auch als zweite Kraft im Büro des Bundeskanzlers Konrad Adenauer, das war eigentlich undenkbar. Er, unser Vater, sprach ein Machtwort. Und unsere Mutter, die ansonsten eher wenig Wert darauf legte, was andere dachten, wenn sie nicht so dachten wie sie und hätten sie auch 100 mal Recht, gehorchte ohne einen Pieps und gab ihren Beruf auf.

Es entsprach ihrer Erfahrung mit dem Bundesbruderklüngel, den Schwierigkeiten mit ihren Brüdern und deren Vorstellungen von Doppelverdienern, und es ermöglichte ihm, es den Nachbarn zu zeigen: „Meine Mutti muss nicht arbeiten." Seine Mutti, das war seine Frau, und er war ihr Vati. Wir Kinder sollten nicht ihre Vornamen gebrauchen, deswegen hatte sich die Vati-Mutti-Unsitte eingeschlichen. Je mehr sie aber in die Vati-Mutti Rolle hineinrutschten, umso heftiger waren sie später für uns Sophia und Horst, basta. Jemand musste sie ja erwachsen werden lassen.

13. Von Groschengrab und Geizkragen...

Zu Hause war unsere Mutter der Zahlmeister. Schon bei ihren Eltern wurde gerechnet und gezählt, zusammengekratzt und gespart. Die vielen Jungs können nicht billig gewesen sein. In unserer Familie galt als „Groschengrab", wer viel aß. Den Begriff soll der arme Opa immer wieder gemurmelt haben, wenn ihm seine heranwachsenden Söhne die Haare vom Kopf zu essen drohten. Und wenn auch einige von ihnen gar nicht mehr zu Hause waren oder starben, es war immer eine große Zahl von Kindern, die durchgefüttert werden mussten. Und ohne Zweifel: Die Tugend unserer Mutter, das Geld zusammenzuhalten, half unseren Eltern durch die grauen Zeiten bitterer Armut nach dem Kriege. Unser Vater, in praktischen Dingen nicht sonderlich bewandert, hatte auch dafür keine Begabung. Er war kein Mensch, der das Geld aus dem Fenster warf, aber ein bisschen Eleganz, kleine Annehmlichkeiten, hier ein Gläschen Wein, dort ein Bier, Zigaretten, Zigarettenspitze, hübsche Manschettenknöpfe und immer ein weißes, gestärktes Taschentuch, das waren seine bescheidenen Träume.

Geld gab es am Monatsanfang – in bar. Um den Überblick zu behalten, hatte Sophia ein System entwickelt, das ihr das eiserne Sparen erleichterte. Das wenige Geld, das sie hatte und für das sie hart arbeitete, wurde am Monatsanfang in verschiedene Briefumschläge gepackt, auf denen der Verwendungszweck notiert war: Miete, Gas, Strom, Essen, Versicherung, Wassergeld usw. Sie kam mit dieser kruden Urform moderner Kontenführung bestens zurecht. Unseren Vater beschämte es, so reduziert zu sein.

Später war der Geiz zu Sophia's zweiter Natur geworden. Es wurde alles aufbewahrt: Geschenkpapier, glatt gestrichen und sorgfältig gefaltet; Bindfäden, ordentlich aufgerollt und in eine Schublade gelegt; Schuhkartons, Knöpfe, Nadel und Faden, Haarklammern und alles, für das sie sich noch eine spätere Verwendung vorstellen ließ. Wasserhähne durften nicht tropfen, Licht musste ausgemacht werden. Nach ihrem Tod, als wir drei ihre Wohnung ausräumen mussten, hatte sie alleine an Arzneimitteln so viel wie zwei Abfallsäcke zusammen gehortet, die wegzuwerfen ihr nicht in den Sinn gekommen wäre. Wir durften auch kein Essen wegwerfen, da konnte sie fuchsteufelswild werden. Reingelegt hat sie uns aber mit ihrem „Hasenbrot."

14. …Hasenbrot und Sonntagskleidchen

Wann immer unsere Mutter ein nicht gegessenes belegtes Brot abends wieder mit nach Hause brachte, kam sie zu uns an die Betten, um uns eine Delikatesse anzubieten: „Hasenbrot." Woher sie das hatte, konnte und durfte sie nicht sagen, nur, dass es etwas ganz Besonderes sei. Wir aßen selig Hasenbrot, sogar Dodo probierte ein Stückchen. Es schmeckte geheimnisvoll wunderbar. Wir waren satt und sie ein Problem los. Wenn sich das trockene Brot türmte, gab es „Brotsuppe", abwechselnd mit Rosinen oder Zwiebeln. Brotsuppe gehört noch heute nicht zu unserem Lieblingsessen.

Als Kinder haben wir immer geglaubt, dass es nicht klug sei, den Nachbarskindern von den besonderen Anstrengungen unserer Mutter zu erzählen, uns finanziell über Wasser zu halten. Die mochten uns größtenteils ohnehin nicht, weil wir auf die damals so bezeichnete Höhere Schule gingen, für die Schulgeld bezahlt werden musste; weil wir Sonntagskleider trugen und zwar alle drei die gleichen, sozusagen das „Drippelte Lottchen"; weil wir Sonntagspaziergänge entlang des Rheines machen mussten; weil unser Vater für seine Vertretertätigkeit ein Auto hatte; weil wir hochdeutsch redeten; weil wir weiße Kniestrümpfe trugen. Wir waren für sie so etwas wie eine einzige Provokation. Da jetzt noch die Geschichte von der tugendsamen Mutter mit ihren Sparbemühungen zu erzählen, schien nicht sonderlich ratsam.

Unsere Sonntagskleidchen waren sowieso die Zielscheibe des Spotts. Von einer Schneiderin genäht – woher unsere Mutter immer die Stoffe herbeischleppte, keiner wusste es – mit Rüschen und Samtbändchen aufgemotzt, in adrette Fältchen gelegt oder gesmokt, geblümt, in rosa und eins wie das andere, waren sie in den Augen der Kinder der Husarenstrasse eine Herausforderung. Auf Bildern lächelt und strahlt Barbara, sich ihres Charmes und ihres niedlichen Aussehens gewiss, ein kleiner Star. Dodo schaut eher missmutig und mürrisch, die Lippen zusammen gepresst, als müsste sie jedes Mal aufs neue demonstrieren, dass sie nicht gedächte, den Mund aufzumachen, zu kauen und zu schlucken. Und Heide, knochig und hoch aufgeschossen, ragt fast über den Bildrand hinaus. „Nein, Frau Steinhardt, wie das Kind wächst, die reinste Bohnenstange."

Dann aber kam der Fortschritt ins Haus. Sophia hatte, durch wen auch immer dazu gebracht, irgendwann die Anschaffung einer Knittax-Strickmaschine getätigt. Fortan wurden wir erbarmungslos mit Kleidungsstücken versorgt, ritschratsch, eine Reihe nach der anderen. Ritsch-ratsch Leibchen, ritsch-ratsch Unterhöschen, verziert mit „Mausezähnchen" (eine Lochreihe, die Kante umgenäht) an Hals- und Beinausschnitt; ritsch-ratsch Pullover mit oder ohne Patentmuster. Immer ritsch-ratsch – und wehe, wenn wir uns wehrten und die hausgemachten Produkte nicht tragen wollten. Die Maschine, die diese grauenvollen ritsch-ratsch-Geräusche von sich gab, war unermüdlich im Einsatz und spuckte ein hässliches Teil nach dem anderen aus.

Mädchen und Leibchen reimen sich nicht nur auf der letzten Silbe – sie gehörten in unserer Jugend auch untrennbar zusammen. Verschärft wurde der Horror durch braune Wollstrümpfe – Marke „kratzend" – die an jenen Leibchen mittels Strapsen befestigt wurden. Wundert es jemanden, wenn sich bei der Erwähnung der Begriffe „Strümpfe" und „Strapse" die Assoziation „sexy" – wie oft in Dessous-Prospekten vermittelt – bei uns nicht einstellen wollte? Wobei fairerweise erwähnt werden muß: Auch der Erfinder der Nylonstrumpfhosen muss ein Frauenhasser gewesen sein!

Aber auch zu Leibchen und Wollstrümpfen gab es noch Steigerungsmöglichkeiten: dunkelbraune, Knöchel hohe Schnürstiefel. So wurden für uns weiße Kniestrümpfe oder Söckchen mit hellen Schuhen zum Objekt der Begierde. Offiziell gestattet erst ab Mitte Mai (wegen der Blasenentzündungen, die uns anzudrohen Sophia nicht müde wurde), heimlich aber schon vor diesem Zeitpunkt unter den Wollstrümpfen aus der Wohnung geschmuggelt und hinter der nächsten Häuserecke aus ihrem Verlies befreit. Dumm nur, dass Nachbarn uns verpetzten und wir mal wieder gewaltigen Ärger bekamen.

15. Hat die Heilige Jungfrau Maria lange Hosen getragen?

Wir wurden angehalten, auf unsere Sachen aufzupassen, nichts drauf zu kleckern, uns langsam zu bewegen, nicht zu springen oder etwa gar Seilchen zu hüpfen. Sonntagskleider durften nur am Sonntag getragen werden, morgens zum Kindergottesdienst in der katholischen Kirche um die Ecke. Mittags wurden sie ausgezogen, um am Nachmittag zum Sonntagsspaziergang wieder angezogen zu werden. Wir Kinder hätten gerne wie die Nachbarskinder lange Hosen getragen, aber das hatte die Rektorin unserer Schule, eine fromme Seele, nachdrücklich verboten: „Glaubt ihr etwa, die Heilige Jungfrau Maria hat eine lange Hose getragen?" Wir wussten es nicht, wagten aber nicht zu sagen, dass wir es uns sehr wohl vorstellen konnten, weil wir doch auch wie die anderen Nachbarskinder lange Hosen tragen wollten.

Als unsere Familie Jahre später nach Hamburg und dann nach Nürnberg umzog, wurden wir auf einen Schlag evangelisch, konfirmiert – und die beiden Jüngsten kamen auf eine streng evangelische Konfessionsschule. Bei der Ältesten wurde dieser Umerziehungs-Crashkurs erst gar nicht mehr versucht. In Nürnberg durften wir allerdings immer noch keine langen Hosen oder – Gott bewahre – Jeans tragen. Diesmal stand nicht die Heilige Jungfrau Maria davor, sondern die Angst unserer Mutter, die Gattinnen der Bundesbrüder und die Verwandten ihres Mannes könnten Anstoß nehmen.

16. Bundesbrüder als Erziehungsmethode

Unsere Mutter bemühte sich, uns von klein an für ein Leben im Kreise von Bundesbrüdern fit zu machen. Weil die Mädchen einmal gut verheiratet werden sollten, konnte man nicht früh genug anfangen, soziale Fußangeln aus dem Weg zu räumen. Zu diesen Fußangeln zählten mit Sicherheit die falschen Kontakte, ein vorlautes Mundwerk, schlechtes Benehmen, Schlürfen und Schmatzen, Rülpsen, mit Trompetenstößen die Nasen putzen, Dialektsprechen und Marotten, die die zukünftigen möglichen Schwiegermütter als Ausschlussgrund für eine Eheschließung ihrer Söhne ansehen könnten. Also machte sich Sophia an die Arbeit.

Vorgesehen waren zahllose Übungen und Maßregeln, die wir erdulden mussten. „Das Kind winkelt die Arme beim Essen immer so unelegant ab." Also mussten wir beim Essen unter jeden Arm ein Buch klemmen, um zu lernen, wie man isst, ohne einem Bundesbruder oder dessen Frau einen spitzen Ellenbogen in die Rippen zu hauen. „Das Kind schlurft beim Gehen, macht einen Buckel und setzt die Füße nach außen." Also trugen wir stundenlang Bücher auf dem Kopf, um unseren späteren Ehemännern, den Bundesbrüdern von morgen, mit unseren eleganten, fließenden Bewegungen angenehm aufzufallen. „Das Kind lispelt." Also bekamen wir Holzstücke zwischen die Zähne geklemmt und mussten S- und Zischlaute üben.

Hatten unsere Eltern Besuch, wurden wir Kinder früher als üblich ins Bett gescheucht, blitzsauber und glänzend, um nach dem Eintreffen der Bundesbrüder in unseren langen Nachthemdchen ins Wohnzimmer gerufen zu werden, wo wir knicksten, höflich uns darüber freuten, die Gäste unserer Eltern treffen zu dürfen. Wir erkundigten uns nach dem Wohlergehen, mussten unsere Schulnoten sagen, knicksten wieder, sangen eine Strophe eines Abendliedes. Doch bevor es zurück ins Bett ging, fragte Barbara, ob die Bundesbrüder uns was mitgebracht hätten. Oh, warum hat sie das nicht Dodo fragen lassen, die hätte das überstanden! Aber so bekam Barbara eine besonders große Portion von Seife zum Mund auswaschen, was sie aber nie sehr bewegte.

Überhaupt mussten wir viel singen. Abendlieder, Weihnachtslieder allemal, Geburtstagsständchen, Wanderlieder, Heimatlieder. Bei einem der alljährlich stattfindenden Weihnachtsnachmittage im Bundeskanzleramt, wo alle Mitarbeiter und ihre Familien eingeladen waren, sieht man uns drei auf einem Foto, ausstaffiert mit den allerliebsten, allergleichesten Kleidchen, die Mäuler aufgesperrt, die Augen auf ein Riesenstück Sahnetorte geheftet – Dodo vor Angst, dass sie so eines etwa essen muss, Barbara sonnig wie immer und Heide gierig – aber singend. Denn vor den Lohn der Sahnestücke hatte die bürointerne Organisation das weihnachtliche Singen gesetzt.

Auch beim sonntäglichen Radio-Wunschkonzert „Schöne Stimmen, schöne Weisen" durften wir mitsingen, die Caprifischer, Operetten, der verflixte Gasparone, Catarina Valente, Guten Abend, gute Nacht, der Mond ist aufgegangen - alles, bloß nicht falsch und nicht zu laut. Küchenlieder waren aber verboten, ordinäre Schlager allemal, später Elvis und die Beatles – und jene, die immer die Säle auseinander nehmen und keine schönen Weisen singen, sondern „Urwaldmusik." Sogar Conny Froboes packte ihre Badehose nicht mehr ein, sondern sang mit Peter Kraus Unsägliches, keine erkennbare Melodie, kein Belcanto. Da kannten die unsere Eltern nämlich besseres und anderes: Unser Vater war, als seine Familie nach Leipzig umgezogen war, im Thomaner-Chor, worauf er sehr stolz war; unsere Mutter war im Schulchor in Bonn.

17. Reinigungs-Riten

Gebadet wurde einmal in der Woche, am Freitag. Schon vormittags wurde der große Badeofen eingeheizt und nachmittags ging's los mit unserem Vater, dann unserer Mutter und dann mit uns Dreien – zusammen in die Bütt. Danach die helle Wäsche, die nicht in der gemeinsamen Hauswaschküche vier Wochen lang auf den vorgesehenen Steinhardt-Termin warten konnte, in die Bütt zum Einweichen, dann die dunklen Socken und zum Schluss die restlichen schmutzigen Teile. Inzwischen hatte sich das Wasser in der Wanne in eine graue, lauwarme Brühe verwandelt, auf der die Seifenschlieren standen, die in der Wanne einen Dreckrand bildeten, der einem den Magen umdrehen konnte. Wenn wir Kinder unsere Socken wuschen, vermieden wir es peinlichst, mit den Händen in diesen ekligen Sud zu fassen. Mit einem abgebrochenen Wäschestiel drehten und wendeten wir die eingeweichten trüben Teile so lang, bis Bewegung im Badewasser entstand und es sich in der Küche, wo unsere Eltern das Abendessen vorbereiteten, anhörte, als ob wir um unser Leben schrubben würden.

Während der Woche wurden wir – je nach Verschmutzungsgrad – in der Küche im Spülbecken mit kaltem Wasser, harter Seife und Bimsstein sauber geschrubbt oder in der Zinkbadewanne in warmem Wasser mit Kamillenblüten gesäubert. Die Wanne hatte einen eiskalten Rand zum Anlehnen, an den wir partout nicht ran wollten, weil wir nach kurzer Zeit vor Kälte bibberten und blaue Lippen bekamen.

Einmal im Monat durfte jede Hauspartei die Gemeinschaftswaschküche, den Trockenraum und die Bleichwiese im Hof benutzen. Alles, was gewaschen werden musste, wurde am Sonntagabend in die Waschküche geschleppt, aber erst mit Einsetzen der Dunkelheit. Wäschewaschen oder gar Wäscheaufhängen war eine Versündigung gegen das ungeschriebene Verbot der Arbeit am geheiligten Sonntag. Da wurde die Feuerstelle des steinernen Waschzubers angezündet, damit über Nacht die Wäsche in der Lauge schon einweichen konnte; am nächsten Morgen ging es dann in aller Herrgottsfrühe los. Mit Wäschestampfer, Schrubbbrett und Wäschestiel wurde gerührt, gestampft und geackert, dass das Kreuz fast brach und der Schweiß in Strömen floss. Die nasse unausgewrungene Wäsche muss Tonnen gewogen haben. Und so ist es wohl kein Wunder, dass Sophia um jedes Teil gekämpft hat, das noch als sauber gelten konnte – und so erst beim nächsten Steinhardt-Termin dran war.

Unser Vater half, so gut er konnte, die leinenen Schwergewichte aus dem Bottich zu hieven, auszuwringen, aufzuhängen oder auf der Bleichwiese in die Sonne zu legen, wo sie dann mehrfach gewendet und gewässert werden mussten, damit die Sonne das vollenden konnte, was Kochen, Stampfen und Schrubben nicht geschafft hatten. Die Nachbarinnen trauten ihren Augen kaum. Die Busen auf ihre gekreuzten Unterarme drapiert, hingen sie in ihren Fenstern, auf ein Kissen gestützt und begafften das Schauspiel. Sie konnten sich nicht entscheiden, ob sie neidisch darüber sein sollten, dass ein Mann sich zu solch einer Arbeit hingab, oder ob er nicht doch unter dem Pantoffel stand, wie die ein oder andere von ihnen höhnisch zischelte. Ihre Männer jedenfalls, wenn sie nicht gerade im Knast saßen oder in der Kneipe hockten, hätten sich eher die Hände abhacken lassen, als bei solcher Weiberarbeit erwischt zu werden.

Am Abend eines sonnigen Tages war die Wäsche steiflappig trocken, roch wunderbar und musste nur noch gebügelt werden – eine Arbeit, die oft uns Kindern überlassen wurde, weil das ja so schön einfach sei. Wir entwickelten dabei die tollsten Methoden, um die Wäscheberge wegzubekommen, verhandelten mit unserer Mutter darüber, was auf keinen Fall unter ein Bügeleisen musste: Trockentücher, Handtücher, Bettlaken. Manchmal kamen wir damit durch, häufiger aber war da nichts zu verhandeln. Sophia, unter der Mehrfachbelastung als Sekretärin im Bundeskanzleramt und Hausfrauenarbeit leidend, hatte wenig Verständnis dafür, dass wir uns vor so ein bisschen Arbeit drücken wollten. Sie hatte überdies ein Auge darauf zu halten, dass ihr eher hilfloser Mann, der sich immer noch nicht zurechtfand in dieser neuen Welt, sein Studium durchzog und nicht alles hinschmiss.

18. Bewährungs-Riten

Unser Vater war ein sanfter Mann, nicht weich, aber verständnisvoll, leise und bedacht. Er liebte seine Familie und gab sich Mühe, sich zurechtzufinden und eine Stütze zu sein. So haben wir ihn alle in Erinnerung. Aber da muss mehr gewesen sein, als wir sehen oder ahnen konnten. Denn was hätte ihn sonst bewogen, vor dem Krieg in einer schlagenden Verbindung sein ungeschütztes Gesicht einem blanken Degen oder Florett entgegenzuhalten, um die Narben zu bekommen, die ihn in den Augen der anderen „Füchse" zum heldenhaften Mann machten? Diese Narben, „Schmiss" genannt, waren in der Meute seiner damaligen Studienkameraden die einzige Zierde, außer Manschettenknöpfen und Siegelring, die ein echter Mann tragen durfte. Die Narben wurden noch auf dem Paukboden eingerieben, damit sie auch schön auffallend blieben. Und was hatte ihn bewogen, noch in Friedenszeiten sich freiwillig bei der Luftwaffe als Stuka-Flieger zu melden?

Unsere Mutter bewunderte den „Schmiss" regelrecht, wollte sie doch immer schon als Tanzdame bei den feinen Burschenschaften, die damals das gesellschaftliche Leben in Bonn bestimmten, eingeladen werden. Die Kaisersöhne waren da, alter Geldadel, verarmter Hochadel. Kein Wunder, dass man sie nicht einlud, weil der gesellschaftliche Hochmut der jungen Burschenschafter und Corpsbrüder nicht zuließ, dass die Tochter und Schwester eines einfachen Handwerkers, eines Buchhalters anlässlich eines Stiftungsfestes zum Tanzen mit den „Edlen des Landes" eingeladen wurde. Andere in ihrer Klasse hatten da mehr Glück oder sich geschickterweise Eltern ausgesucht, die in die Heiratsüberlegungen der Väter und Mütter der Jungakademiker passten. Es muss sie wahnsinnig gekränkt haben, derartig düpiert zu werden. Aber da gab es kein Simsalabim, das die verschlossenen Türen der „Oh alte Burschenherrlichkeit" öffnete. Diese ungerechten sozialen Schranken wurden in ihren Augen erst durch die Nazis beseitigt. Sie hat sich wohl nie gefragt, warum die NS-Propaganda so viel Wert darauf legte, diese neue Ordnung zu schaffen.

19. Rechtfertigungs-Riten

Dass unser Vater Offizier war, der ritterlich und ohne Herablassung mit der Sekretärin des Oberkommandierenden der deutschen Besatzungsmacht in Brest verkehrte, bereitete unserer Mutter große Genugtuung. Das Wissen, warum er Offizier wurde, weniger. Dies ist immer ein Geheimnis geblieben, vergleichbar den Geheimen Kommandosachen, mit denen umzugehen sie im Krieg in Frankreich gelernt hatte. Hatte er dies gemacht, weil, wie in seiner Familie gemunkelt wurde, der Ariernachweis nicht so lupenrein war, wie man es damals zum Überleben brauchte – und Göring, verliebt in seine Luftwaffe, wie in ein Spielzeug, verkündet hatte: „Wer

Jude ist, bestimme ich." Unser Vater kam ins Richthofen-Geschwader. Er flog tollkühne Einsätze, wurde mehrfach abgeschossen aber schnell befördert, von seinen Männern bewundert und geliebt, aber – kurz vor Kriegsende – degradiert, weil er statt Kriegsgut Patienten eines Lazaretts aus den von Russen bedrohten Gebieten im Osten ausgeflogen hatte.

Unsere Mutter redete sich den Mund fusselig, um uns zu beweisen, dass unser Vater kein Jude war. Auch wenn er Steinhardt hieß. Auch wenn sein Vater ein Herrenausstattergeschäft in Leipzig gehabt hatte. Auch wenn unser Großvater das uneheliche Kind einer jungen Frau aus besseren Kreisen, Tochter eines wohlhabenden Adeligen war, zur Adoption freigegeben, weil der leibliche Vater aus welchen Gründen auch immer von ihren Eltern nicht anerkannt wurde und seine junge Geliebte nicht heiraten durfte. Und auch, wenn die Adoptiveltern dem jüdischen Glauben angehört haben sollten. Ihre verbissenen Bemühungen machte die Sache für uns Kinder immer spannender – und es sollte Jahre dauern, bis wir begriffen, dass sie damit versuchte, nachträglich so etwas wie Rechtfertigungen in ihre Vergangenheit zu bringen.

Sie war eher eine Mitläuferin, kein Parteimitglied. Der BDM bot allerdings interessante Aspekte. Sie hatte sich vor dem Krieg zurückgesetzt und schlecht behandelt gefühlt und daran waren nun mal alle schuld, die mehr hatten als sie und ihre Familie, die immer am sozialen Rand kämpfte. Und es war in ihren Augen nun mal nur die eine Partei, die diese sozialen Schranken aufgehoben hatte.

Wir Kinder haben uns abenteuerliche Geschichten über die Familie unseres Vaters zusammengereimt. Die uns nicht bekannte uneheliche junge Mutter mutierte vom Adelsfräulein zur dummen Pute, weil sie sich ihr Kind hatte abschwatzen lassen. Wir sahen uns als Urenkelinnen einer verstoßenen Prinzessin und forschten in unseren Gesichtern nach Zügen unserer jüdischen Abstammung, weil unsere Mutter behauptete, man würde Juden schon am Gesicht erkennen. Der Arierpass liegt heute im Safe unserer Tante. Sie hält ihn unter Verschluss, weil sie das ganze Thema immer schon peinlich fand. Warum, das hat sie uns nie verraten. Darüber reden, nein, das mochte sie auch nicht.

20. Schwimmen – oder untergehen

Von unserer Wohnung bis zum Rhein waren es grade mal fünf Minuten. Wir liebten den Rhein. Das Ufer war verwahrlost, überwuchert und nicht überall befestigt. Abends tanzten Mückenschwärme und Wolkenschlieren über dem Wasser und das quirlende, sich glucksend drehende Wasser übte eine große Anziehungskraft auf uns aus. Im verwilderten Gras lagen alle die wundersamen Dinge, die der Fluss angeschwemmt hatte. Geheimnisvolles Gerümpel, meist wertlos, aber für uns Kinder doch ein wahrer Schatz. Wir versuchten, mit den Kindern der Husarenstrasse zu verhandeln, wer die Schätze behalten durfte. Dies ging immer zu deren Gunsten aus, was uns den Fluss noch geheimnisvoller erscheinen ließ, denn geheimnisvoll war er sowieso schon. Unsere Eltern hatten uns nämlich strengstens verboten, allein an den Rhein zu gehen. Er war gefährlich, und es gab viele Geschichten über Kinder, die abgerutscht und ertrunken waren. Die Strafen, die man uns androhte, waren schwerwiegend, was uns aber nicht abhielt, heimlich immer wieder mal dorthin zu laufen.

Sophia aber hatte den sechsten Sinn: Sie wusste immer, wann wir am Rhein gewesen waren. Dann gab es jedes Mal ein Donnerwetter und verschärften Hausarrest. Als klar wurde, dass dies alles nichts nützen würde, konferierte sie mit ihrem Bruder, der Schwimmmeister im Bonner Hallenbad war. So wurden wir dann zum allabendlichen Training in die Küche kommandiert, lagen bäuchlings auf einem Schemel und lernten Trockenschwimmen – und zwar dalli, dalli. Wer sich zu dämlich anstellte, bekam einen Klaps. Unsere Mutter hatte mal wieder die Kapitänsbrücke erklommen, und so übten wir auf ihr Kommando: 'ranziehen, einwinkeln, abstoßen; 'ranziehen, einwinkeln, abstoßen. Und jetzt das gleiche mit den Beinen und dann alles noch einmal, Arme und Beine aufeinander abgestimmt. Und wieder von vorne, und atmen lernen…

Als wir nach Meinung dieser Fachleute ausreichende Fortschritte gemacht hatten, ging es ab in die Badeanstalt, damit wir lernten, auch unter Wasser nicht die Luft und die Nerven zu verlieren. Wollten wir auftauchen, durften wir kurz Luft schnappen, wie die japsenden Fische am Rheinufer. Als auch hier unsere Leistungen als zufrieden stellend beurteilt wurden, ging es – mit starkem Seil um den Bauch geknotet – zum Rhein. Der Onkel nahm uns mit auf Molen, später in ein Bötchen. Er kettete uns wie an einer Nabelschnur an sich und ab ging es ins Wasser. In die Strömung, unter Wasser, in den Strudel, den man auf keinen Fall mit Schwimmen bekämpfen durfte, sondern Augen zu, abtauchen möglichst bis zum Grund, abstoßen und weit von den treibenden, Kräfte zehrenden, kreiselnden Wirbeln wiederauftauchen. „Nicht kämpfen, das kostet nur Kraft und die Strudel sind stärker als ihr; immer schön ruhig atmen, nicht paddeln, wozu haben wir denn die Übungen in der Küche gemacht?"

Wir lernten es, wir liebten es zu schwimmen. Wir lernten zu köpfen, sprangen im Freibad vom Fünfmeterbrett, machten den Freischwimmer, den Fahrtenschwimmer, die Prüfung zum Rettungsschwimmer. Der Strom verlor seine Schrecken. Aber dennoch sind wir nie ohne Begleitung zum Schwimmen in den Rhein gegangen. Erst war er zu gefährlich, dann war er zu schmutzig – ja und dann waren wir nach Hamburg umgezogen.

21. Kleine „Gundi Buschs"

Gundi Busch, die gefeierte Eiskunstläuferin der 1950er Jahre, war Ziel unserer glühenden Verehrung. Es gab zu jener Zeit im weiten Umkreis zwar keinen Fernseher, wo ihre Leistungen von uns hätten bewundert werden können. Aber sie prangte auf den Titelblättern aller Illustrierten, von denen es schon zu jener Zeit nicht wenige gab. Sie lächelte, schwebte in der Luft, hatte die Beine graziös angewinkelt; ihre Arme waren engelsgleich gespreizt, ihr Tanzlaufkleid war atemberaubend – und sie war „Eislaufprinzessin!" 1954 hatte Gundi Busch die Deutsche, die Europäische und die Weltmeisterschaft gewonnen. Alle redeten von ihr, auch unsere Eltern.

Bestimmt hatte auch sie in ihrer Jugend Bücher auf dem Kopf getragen und sich bemüht, die unter den Armen eingeklemmten Bücher nicht zu verlieren. Es würde für sie bestimmt auch nicht schwer fallen, einen Bundesbruder zu verzaubern. Wir Drei stürzten uns auf die Couch und studierten die einzelnen Phasen ihrer kraftvollen, schönen Sprünge und fingen mit einem intensiven Training an. Hochspringen, runterspringen, vom Sofa purzeln, wieder rauf, hochspringen, runterspringen, vom Sofa purzeln, Beine elegant anwinkeln, Engelsarme ausstrecken. Unsere Haare flogen, unsere Tanzlaufkleidchen aus Schals und Handtüchern wirbelten. Die Bundesbrüder würden staunen. Wir feuerten uns gegenseitig an, wir kreischten vor Begeisterung, wenn uns ein Sprung besonders gelungen war. Wir drehten das Radio auf volle Lautstärke, um unsere kunstvollen Sprünge musikalisch zu untermalen und dem Ganzen noch mehr Ausdruck zu verleihen. Wir tanzten nicht nur wie Gundi Busch, wir waren Gundi Busch. Und Gundi Busch hatte sich unser Sofa als Trainingsgelände ausgesucht.

Es wäre uns nie in den Sinn gekommen, dass die Bundesbrüder kein Interesse an Gundi Busch und ihren Eislaufkünsten haben könnten. Es wäre uns allerdings auch nie in den Sinn gekommen, dass unsere Nachbarn, vom Lärm dreier kleiner kreischender Kartoffelsäckchen-Gundi-Busch-Kopien gestört, sich bei unseren Eltern beschweren würden. Was sie aber prompt taten, worauf nach sorgfältiger Untersuchung der Couch („was glaubt ihr denn, was die gekostet hat") mal wieder die übliche Strafe mit Abendessensentzug folgte („wenn ihr Gundi Busch sein wollt, dann müsst ihr schon darauf achten, nicht zu fett zu werden"). Aus der Traum vom großen Ruhm und den damit verbundenen Annehmlichkeiten in Form von glitzernden Kleidchen, Schokolade und Rosinenweißbrot mit Zucker überstreut.

22. Kino, Fernsehen, Bücherschrank

Wir durften lange Zeit nicht ins Kino – mit Ausnahme von „Heidi und ihre Welt", was uns zu Tränen rührte. Später, viel später kam der eine oder andere Kinderfilm hinzu. Und als wir endlich in die Sonntagsnachmittagsvorstellung ohne Aufsicht unserer Eltern durften, mogelten wir uns in Liebesfilme, die zu schön waren, um wahr zu sein. „Vom Winde verweht", Mumien in ägyptischen Pyramiden, Tierfilme in Afrika, mit Helden, die ihre Partnerinnen mit bloßen Händen den Zähnen von Großwild entrissen. Wie wir dann zu Hause den Inhalt dieser Schmonzetten beschrieben, der ja nicht ganz mit den Titeln der Filme übereinstimmte, für die wir Besuchserlaubnis hatten, kann heute keine von uns mehr sagen. Aber es muss uns gelungen sein, denn wir haben viele schaurig-schöne Sonntagnachmittage in dunklen Filmsälen verbracht, mit Herzklopfen ob der Irrungen und Wirrungen, durch die die Heldinnen hindurch mussten.

Fernsehen war tabu, außer Fußball. Aber da wir lange Zeit überhaupt keinen Fernseher hatten, hat uns das Verbot nicht sonderlich getroffen. Wir sollten lesen: „Lies mal wieder ein gutes Buch", was wir alle gerne taten. Aber wieder gab es Unterschiede zwischen unserer Hitliste und der unserer Eltern. Erlaubt waren Enid Blyton, Erich Kästner, Das Trotzköpfchen, Karl May, römische und griechische Sagen. Hella aber gab uns Groschenromane, Liebesromane, die so traurig und herzzerreißend waren, dass wir schniefend und mit Taschenlampe unter der Bettdecke lagen und doppelt aufpassen mussten. Zum einen, dass wir nicht erwischt wurden und zum anderen, dass wir nicht mit dieser Lektüre erwischt wurden. Wurden wir aber – und Hella wurde strengstens ermahnt, nicht solch einen Quatsch zu machen. Eine Zeitlang lasen wir dann mehr oder weniger begeistert „gute Bücher", bis wir Hella wieder überreden konnten, eines ihrer Liebesheftchen herauszurücken.

Im Bücherschrank unserer Eltern befand sich nur keimfreie Literatur. Via Mala, Désirée und ähnliches wurde abgeschlossen verwahrt. Da kamen wir nicht so ohne weiteres 'ran. Aber das „Buch der Frau", ein dickleibiger Schinken, gedruckt um die Jahrhundertwende, den unsere Mutter offensichtlich schon von ihrer Mutter geerbt hatte, war nicht auf den Index gefallen, wohl weil sich unsere Eltern nicht vorstellen konnten, dass dieses Buch der nützlichen Handreichungen für Frau und Familie für uns Kinder echt spannend sein könnte. Die Darstellungen des menschlichen Skeletts interessierte uns allerdings weniger, ebenso wie die Darstellung von Hautausschlägen, die Bekämpfung von Kopfläusen, die Behandlung von Schnupfen und Husten oder das Anlegen eines Wadenwickels. Doch wo die kleinen Kinder herkamen und wie sie da zusammen gekringelt in der Gebärmutter lagen, ein seliges Lächeln um den Mund, das war schon etwas anderes. Wie sie allerdings dorthin gekommen waren, darüber konnten wir ob der dezenten Erläuterungen nur Vermutungen anstellen. Die Aufklärung, die die Kinder der Husarenstrasse genossen hatten und an denen sie uns mit höhnischer Überlegenheit nicht teilnehmen ließen, hätte uns vielleicht weitergeholfen, aber da war die Angst vor einer mütterlichen Explosion doch zu groß. Und die Furcht, mal wieder den Mund mit Seife gewaschen zu bekommen, hinderte uns, unsere Mutter direkt zu fragen.

23. Der jüdische Friedhof

Hinter dem „Römerschlösschen" lag der jüdische Friedhof, überschattet von hohen, alten Bäumen, umgeben von einer großen Mauer, von Efeu bewachsen und mit einem Gitter verschlossen. Die alten Grabsteine lagen im grünlich schimmernden Tageslicht. Nur manchmal kamen die Sonnenstrahlen durch, die flirrend und fragil über die verwitterten Grabsteine tanzten. Nie sahen wir jemanden, der zum Friedhof ging, zu dem man auch nur an einer bestimmten, in einer Seitenstrasse liegenden Pforte hereinkam, wenn man sich den Schlüssel in einem der anliegenden Häuser abgeholt hatte. Wir Kinder hatten Angst vor diesem Friedhof. Uns war verboten worden, zu lärmen oder laut zu lachen, wenn wir daran vorbeigingen. Wir starrten durch die vergitterte Hauptpforte und versuchten zu ergründen, was ein jüdischer Friedhof wohl sein könnte.

Die grauen Grabsteine, verwittert, manche halb eingesunken, hatten einen eigenen Zauber. Kleine Mausoleen wiesen daraufhin, dass dort wohl die Wohlhabenderen beerdigt lagen, wie wir es auch von dem Friedhof kannten, auf dem unsere eigenen Großeltern begraben sind. Über allem hing im wahrsten Sinne des Wortes Grabesstille. Nie hielt einer dort an. Nie sagte einer, er müsse zum jüdischen Friedhof, wo doch sonst im katholischen Rheinland viele kirchliche Feiertage vorschreiben, wann man sich besonders um die Gräber seiner Lieben zu kümmern hat. Der jüdische Friedhof übte eine eigenartige Faszination auf uns Kinder aus, die noch dadurch verstärkt wurde, dass in die hohe Schutzmauer alte Wegsteine und uralte Gedenksteine mit lateinischen Inschriften eingelassen waren, die das alte Römerlager kennzeichneten.

Unser Vater, ein Lateiner, übersetzte uns die Texte, die wir aber immer wieder vergaßen. Der Stolz unserer Mutter, in einer alten Römerstadt geboren zu sein, war unüberhörbar. Für uns Kinder wurde der jüdische Friedhof so zum Knüpfungspunkt zwischen der römischen und der jüdischen Geschichte der Stadt Bonn, was sich bei uns tief eingrub, wenngleich wir nicht alles verstanden, was man uns dazu erklärte.

Man munkelte, die Bewohner des Römerschlösschens wären weder von der älteren noch der jüngeren Geschichte dieses Ortes beeindruckt, vielmehr würden sie den Friedhof benutzen, um Hehlerware vor dem Zugriff der Polizei zu verstecken. In den Augen vieler war wohl der Respekt, der alle, sogar die Polizei vor dem Zutritt abhielt, unbezahlbar, so dass sie gerne bereit waren, den Friedhof vor den Kindern der Husarenstrasse zu schützen, die ja eigentlich vor nichts Respekt hatten. Später gab es dann Grabschändungen und Vandalismus, trotz der verschlossenen Eingangspforte. Die Stadt bemühte sich, die Spuren dieser Übergriffe schnellstmöglich zu beseitigen, dennoch blieb eine gewisse Unruhe und ein schaler Nachgeschmack.

24. Bonner Politikreden

Politik ist ein schmutziges Geschäft, befand unsere Mutter nach dem Krieg. Nie wieder würde sie in eine Parteiveranstaltung gehen. Nie wieder würde sie in Begeisterung über Versprechungen einer Partei ausbrechen. Sie fühlte sich betrogen und belogen, ausgebeutet, um den Lohn ihrer Arbeit gebracht. Sie machte keine großen Unterschiede zwischen den Parteien und hatte für Mitglieder und Parteipolitiker nur Verachtung übrig. Sie wäre sehr erstaunt gewesen, ja sogar aggressiv geworden, wäre jemand auf den Gedanken gekommen, ihr nachzuweisen, dass die Nazis ja nicht aus dem Himmel gefallen waren, sondern sich auf eine breite Zustimmung der deutschen Bevölkerung, also auch ihrer, hatten stützen können. Politik wurde bei uns zu Hause eigentlich nicht gesprochen. Unsere Mutter würgte jeden Versuch dazu im Keime ab. Dass unser Vater den Mut fand, mit uns über Gott und die Welt, über Politik, Wirtschaft und Wissenschaft zu diskutieren, wenn auch nicht auf offener Bühne sondern eher im Hintergrundsgespräch, grenzt schon fast ans Heldenhafte. Er war solche Diskurse von seinem eigenen Vater gewohnt. Sie aber nicht – und nach dem Desaster des Krieges sowieso nicht.

Dennoch saßen wir alle immer am Radio, wenn aus dem Bundestag in Bonn wichtige Reden übertragen wurden. Als besten, geschliffensten Redner stuften meine Eltern den FDP-Politiker Thomas Dehler ein. Ob sie ihn deshalb auch wählten, haben sie uns aber nie verraten – Wahlgeheimnis. Vielleicht hatten sie auch nur Angst, wir Kinder würden rausposaunen, wo unsere Eltern ihr Kreuzchen gemacht hatten. Es saß ihnen noch zu sehr in den Knochen, dass man über solche Sachen tunlichst nicht in der Öffentlichkeit reden sollte.

25. *Umzug und Entzug*

Unsere gemeinsame Bonner Zeit endete 1956 – mit dem Umzug nach Hamburg und ein Jahr darauf nach Nürnberg. Vorbei die Spaziergänge am großen Strom, vorbei die treibenden Eisstücke im Winter, die Hochwasser im Frühling, die Dunstglocke, die im Sommer über dem Rhein hing, die melancholische, in Nebelfetzen eingetauchte Landschaft im Herbst. Vorbei die Lastkähne und Rheindampfer, die Spaziergänge zum Drachenfels, zum Siebengebirge. Vorbei die Besuche in Kaffeegärten, in die man den eigenen Kaffee mitbringen konnte und in denen man nur für die Nutzung des Geschirrs bezahlte.

Unserer Mutter brach es schier das Herz. Sie kannte jeden Platz und fast jede Ecke der Stadt, sie kannte unzählige Bonner, jedenfalls die ihrer Altersklasse. Sie hatte ihre Netzwerke, die funktionierten. Sie ging zwar nicht mehr zur Heiligen Messe, aber dem strengen fränkischen Protestantismus konnte sie erst recht nichts abgewinnen. Die Gottesdienste in Nürnberg waren ernst und nicht dazu da, den Sonntagsstaat vorzuführen und zu begutachten, was die Nachbarinnen wieder in ihrem Kleiderschrank gefunden hatten.

Unsere Mutter litt an unheilbarem Heimweh. Ihr rheinischer Dialekt wurde mit zunehmender Abwesenheit von Bonn immer stärker. Und sie setzte ihn wie eine Abwehrwaffe gegen dieses Heimweh ein. Ihre Telefonanrufe mit der „buckligen" Verwandtschaft wurden für viele nahezu unverständlich, weil sie zunehmend nicht nur im rheinischen

Singsang sprach, sondern Worte und Redewendungen benutze, die man noch nie gehört hatte. Unserem Vater müssen die Ohren wehgetan haben. Zur Karnevalszeit saß sie in Nürnberg – ein Häufchen Elend – vor dem Fernseher, um sich die Übertragung der Prunksitzungen im Rheinland anzusehen. Aber das war nicht mehr ihr Karneval. Sie sehnte sich nach den Sitzungen im Veedel, sie wollte auf der Straße schunkeln, Kamellen fangen, mitsingen, schwofen. Warum sie sich nicht einfach in den Zug setzte und bei der Bonner Verwandtschaft auftauchte, wird nur sie gewusst haben. Sie machte es einfach nicht.

Nach seiner Pensionierung klopfte sie unseren Widerstand leistenden Vater weich, mit ihr von Nürnberg wieder zurück nach Bonn zu ziehen, nach 20 Jahren Abwesenheit. Wie elend muss sie sich gefühlt haben als ihr klar wurde, die anderen waren auch alt geworden, aus Bonn weg in die Vorstädte oder an die Mosel gezogen. Sie kannte fast niemanden mehr, die Geschäfte waren ihr nicht mehr vertraut. Bonn hatte sich in diesen Jahren stark verändert, sie fand sich nicht mehr zurecht.

Sie war zwar zurück in Bonn, aber einsamer als je zuvor, was sie vor allem ihrem Mann zum Vorwurf machte. Er hatte sie aus Bonn weggelotst. Er hatte sich dort nicht sonderlich wohl gefühlt und deshalb der Stadt den Rücken gekehrt. Sie vergaß dabei, dass unser Vater mit jedem Umzug auf der beruflichen Karriereleiter weiter nach oben gekommen war, ein Umstand, den sie sozial und finanziell sehr wohl zu schätzen wusste. Sie würde den Rest ihres Lebens in Bonn unglücklich sein. Sie hatte kaum noch Kontakte mit den verbliebenen Mitgliedern ihrer Familie, auch weil die sehr wohl Ursache und Wirkung ihres Unglücks durchschauten und sich nicht scheuten, ihr ihren Anteil daran vorzubuchstabieren. „Wenn die auf den Friedhof in Bonn kommt, dann gibt es Mord und Totschlag mit ihren Familienangehörigen, die schon dort sind" unkte ein Cousin, der ihr einen Hang zum Höheren vorwarf. Gepaart mit der zunehmenden Ablehnung ihrer „einfachen" Brüder und Schwägerinnen, die nicht wie sie den sozialen Durchbruch geschafft hatten, machte sie das nicht gerade zu einer beliebten Tante.

In der Folge wurde sie immer einsamer. Versponnen in ihren selbst gesponnenen Kokon schaffte sie es nicht mehr, alte Kontakte zu erneuern und neue zu knüpfen. Bei ihrer Beerdigung waren, allerdings auf ihren eigenen Wunsch hin, nur ihre Töchter und ihre Schwiegersöhne anwesend.

26. Familiengeschichte von Mutter und Vater

Die Familiengeschichte unserer Mutter war eine bei uns zu Hause viel erzählte, immer wieder diskutierte Angelegenheit. Wir kannten und kennen fast jede Wendung auswendig. Wir kannten die Tanten und Onkel, verstanden zwar ihren Dialekt nicht, warteten aber auf die Übersetzungen unserer Mutter, wussten immer, auch ohne Übersetzung, wann wieder mal wer durch den Kakao gezogen wurde. Natürlich immer derjenige, der gerade nicht anwesend war oder durch eine besonders schlimme Schote auf sich aufmerksam gemacht hatte. Die bissigen Kommentare kamen gelegentlich einer sozialen Hinrichtung gleich. Das quietschende Lachen, die Gluckser, die Schnalzer erleichterten es aber, den Inhalt der Geschichte als unerhört einzuschätzen, selbst wenn wir die Sache an sich nicht verstanden. Vermutlich waren auch wir Zielscheibe solcher verbalen Angriffe, wenn wir gerade nicht anwesend waren. Die Cousins und Cousinen waren in ihrer Ablehnung nicht zimperlicher als die Kinder aus der Husarenstrassen, im Gegenteil: Die einen kannten uns nur aus der Ferne, die anderen dagegen konnten ihre Eltern um

Munition bitten, wenn es galt, die eingebildeten Steinhardt-Töchter zu piesacken. Daher mochten wir solche Verwandtenbesuche eigentlich nicht, auch wenn das Kuchen- und Teilchenangebot verlockend war.

Ganz anders die Situation bei der väterlichen Familie. Über dieser Familie hing ein Schleier des des Ungenauen, des Vagen. Wir wissen, dass die Mutter unseres Vaters, eine schöne, elegante Frau mit großer musikalischer Begabung, früh gestorben war. Sie hatte nach einer Pianistenausbildung Klavierstunden gegeben, auch ihren beiden Söhnen, die sie vergötterten. Auf Bildern sieht man ihre eingesunkenen, dunklen Augen, ihr müdes Gesicht, aber auch ihre elegante Haltung. Mary, später Maria, war in Amerika geboren worden, wohin die Familie auf der Suche nach Erfolg und Glück ausgewandert war. Später kamen sie nach Deutschland zurück, weil der Vater an Malaria erkrankt war – vorbei die verführerischen Träume von Wohlstand und Familienglück. Zurück im engen und politisch instabilen Deutschland fasste man nicht mehr so recht Fuß. Nach dem frühen Tod von Mary versuchte unser Großvater, seine beiden noch relativ jungen Söhne ohne Hilfe großzuziehen. Unser Vater konnte viel davon erzählen, in Bewunderung und Erinnerungen schwelgend.

Wir haben weder unsere Großmutter noch den Großvater väterlicherseits kennen gelernt, wohl aber aus den verklärenden Erzählungen unseres Vaters unsere Oma in den Himmel gehoben. Unser Opa dagegen brachte es fertig, sich einen Höllenplatz in den Augen unserer Mutter zu sichern, weil er im späten Alter, krank und hilflos eine allein stehende, ältere Dame heiratete, die als ehemalige Krankenschwester für ihn Hilfe und Stütze wurde. Dass unsere Mutter sich darüber sehr aufregte, konnten wir nie nachvollziehen. Und dass die ältere Dame, Tante Elisabeth, eine „Erbschleicherin" sein sollte, konnten wir erst recht nicht erkennen. Es wird wohl eine Mischung aus Eifersucht und Ablehnung der willensstarken zweiten Frau unseres Opas gewesen sein, die am Ende dazu führte, dass die beiden Frauen kein Wort mehr miteinander wechselten – und die eine aus dem Raum ging, wenn die andere hereinkam.

Später stellte sich heraus, dass Tante Elisabeth nicht nur fest entschlossen war, ihren hinfälligen Mann, unseren Opa aufopferungsvoll zu pflegen; sie hatte auch eine beträchtliche Mitgift mit in die Ehe gebracht. Ob sie je überlegt hat, den Söhnen ihres Mannes einen Teil ihres Wohlstandes zu vererben, ist nicht überliefert. Aber wenn sie es vorgehabt haben sollte, dürfte die giftige Behandlung durch unsere Mutter sie eines Besseren belehrt haben. Es war versöhnlich zu erfahren, dass diese Tante in Hannover im gleichen Haus lebte, wie die Mutter der Protokollchefin in der schleswigholsteinischen Staatskanzlei, durch die wir am Ende von ihrem Tod erfuhren.

Unsere Großmutter Mary war die älteste von drei Schwestern, Irene und Gerti. Alle drei waren aber je zehn Jahre voneinander getrennt. Und sie waren Halbgeschwister, weil ihre Mütter (Väter) gestorben waren und unser Urgroßvater (Urgroßmutter) nach jedem Todesfall wieder geheiratet hatte. Mary nahm ihre jüngste Schwester, als auch deren Mutter starb, im Alter von vier Jahren in ihren Haushalt zu ihren beiden Söhnen, unseren Vater und seinen Bruder, auf und kümmerte sich bis zu ihrem eigenen Tod um das Mädchen. Für die beiden Jungs war dies ein doppelter Verlust: nicht nur ihre Mutter starb, als sie noch relativ jung waren, sie verloren auch ihre „Schwester", an der beide sehr hingen. Die drei Schwestern waren wohlerzogen, elegant und gut aussehend. Sie heirateten in wohlhabende Familien ein und bestimmten das gesellschaftliche Leben ihrer Stadt.

Wir Kinder haben nur die jüngste von ihnen, Tante Gerti, richtig kennen gelernt, die mit ihrem Charme, ihrer sprühend guten Laune, ihrem Esprit ganze Bälle begeistern konnte. Oma Mary soll vor ihrer Erkrankung, über die nie geredet werden durfte, genauso strahlend gewesen sein. Auf den wenigen Bildern, die wir von ihr haben, erahnt man an ihren verschatteten Augen und dem leidenden Zug um ihren Mund ihre Krankheit. Wie selbstverständlich sorgte sie für den Teil der Erziehung, der über Schulwissen und soziale Begabungen hinaus den beiden Jungs die gesellschaftliche Stellung ermöglichte, die ihnen nach Meinung ihrer Eltern zustand. Die beiden lernten bei ihr, der Pianistin, Klavierspielen.

Unser Großvater bemühte sich, den Jungs das Schachspielen beizubringen. Beide gingen auf ein humanistisches Gymnasium und lernten Lateinisch und Altgriechisch, denn dem modernen Kram in gymnasialen Lehrplänen traute unser Opa nicht. Man wanderte, turnte, fuhr Fahrrad und die Jungens lernten unter väterlicher Aufsicht Bier zu trinken – und natürlich all die feinen Betätigungen, die ihr Auftreten in der Öffentlichkeit angenehm machte: Tanzstunden, Fechtunterricht, Reiten, Glühweinabende, Musikabende, Theater und Oper. Freundschaften mit gleichaltrigen wurden gefördert, weil man zwar das Wort Netzwerk noch nicht kannte, wohl aber dessen Bedeutung einzuschätzen wusste. Man war nicht reich, aber die Annehmlichkeiten des Lebens konnte man sich leisten. Und hier liegt wohl auch der Schlüssel für den von uns nie verstandenen Wunsch unseres Vaters, Mitglied einer schlagenden Verbindung zu sein, denn konservativ war man eh schon.

27. Migräne und Häme

Solange wir zurückdenken können, erinnern wir uns an die Migräneanfälle unserer Mutter, die allerdings von keinem außerhalb der Familie ernst genommen wurden, weil niemand sich mit einer solchen Gottesplage rumschlagen musste. Sie spuckte sich die Seele aus dem Leib, was uns Kinder oft zu Tode erschreckte. Sie konnte dann den Geruch von Essen nicht ertragen, konnte nicht sprechen, kein Licht und keine Helligkeit aushalten. Wir Kinder huschten wie die Mäuschen auf Zehenspitzen durch die Wohnung, brachten kaltes Wasser und feuchte Waschlappen für die Stirn. Es passierte meist am Samstag, woraus die Nachbarinnen schlossen, sie würde das nur machen, um keinen Sonntagskuchen und kein Sonntagsessen vorbereiten zu müssen.

Diese Häme muss Sophia doppelt wehgetan haben, wie zwei ihrer Töchter aus eigener Kenntnis wissen: Migräne ist nämlich echt schlimm und kaum steuerbar. Jahrelang hatten Ärzte keine vernünftigen Heilmittel oder Hilfen anzubieten. Ihre Ratschläge erinnerten eher an Vorlesungen von Siegmund Freud über weibliche Hysterie als an wirkliche Hilfen. Genauso wenig konnte irgend jemand erklären, warum zwei ihrer Töchter Asthma hatten. Immer nachts, immer zur Sperrstunde galoppierte sie mit dem pfeifenden, röchelnden Kind zum Arzt, der mit Entkrampfungsspritzen versuchte zu helfen und sich mehr als einmal gefragt haben muss, wer mehr zu bedauern war: die arme Mutter, die mit ihrer Tochter durch die Dunkelheit hetzte oder er, der arme Arzt, der schon wieder aus dem Schlaf geholt worden war. Unsere Mutter muss sich streckenweise vollkommen ausgebrannt gefühlt haben: Doppelbelastung als Hausfrau und Mutter, berufliche Anspannung, asthmakranke Kinder, Migräne, Geldknappheit, Fremde in der Wohnung.

28. Preußische Disziplin und rheinische Liebe

Dies war auch nicht die Welt, in der unser Vater sich zu Recht fand. Als seine alte, großbürgerliche Welt zerbrach, wäre auch er selbst daran fast zerbrochen. Für unsere Mutter war seine Welt jedoch wie eine ferne Galaxie, auf die sie neidisch war und die erstehen zu lassen sie sich alle Mühe gab. Sie hatte nur ein Problem: Sie kannte diese Welt nur aus zweiter Hand und musste etwas kopieren, was sie eigentlich nie gesehen oder richtig erlebt hatte.

Ihre Versuche, für ihn und ihre Familie wieder mit Leben zu erfüllen, was endgültig untergegangen war, war eine Wurzel ihres Unglücks, seiner Ängste und unserer Hilflosigkeit. Denn sie lag immer irgendwie daneben. Er kritisierte sie nicht, aber sein Unglück war sichtbar, greifbar und legte sich an manchen Tagen wie Mehltau über sein Gemüt. Er würde versuchen, durch striktes Befolgen preußischer Werte einen Rettungsanker für das zu finden, was in seinem Leben immer wichtig gewesen war. Er würde erdulden, dass seine Frau nicht gerne ins Theater oder in die Oper ging, dass sie immer nur billig einkaufen würde, dass ihr die gewisse Eleganz fehlte und charmantes Auftreten fremd war. Seine Einladungen zu einem schönen Essen wurden von ihr stets mit demselben Argument abgelehnt: zu Hause sei es schöner. Wir Kinder aber übersetzten das immer so: zu Hause ist es billiger und für sie überschaubarer.

Aber er würde nie aufhören, seine so hilflose wie tüchtige Frau, die ihm geholfen hatte, nach dem Krieg wieder auf die Beine zu kommen und die dennoch in ihren eisernen Vorstellungen über das Leben eines Burschenschafters befangen blieb, zu respektieren – ja zu lieben.

Teil III: Bonner Charaktere

1. Dat Klärchen

Die Römerstrasse bestand aus Trümmern, Ruinen, Brachland, einigen unversehrten oder wenig beschädigten Wohnhäusern, belgischen Baracken – da macht ihr mir einen großen Bogen drum, sonst könnt ihr was erleben – und dem „Römerschlösschen." Unten hatte der Platzbäcker eine Kneipe mit Biergarten. Und er hatte einen Volkswagen, den sein 13jähriger Sohn Peter mit heulendem Motor und kreischenden Bremsen die Römerstrasse hoch- und runterjagte. Zum Entsetzen der Bewohner der linken Straßenseite. Und zum Entzücken der rechten Seite, des Römerschlösschens.
„Warum denn, wie soll der Junge dat dann sonst liere?", fragte der Platzbäcker unschuldig auf Vorwürfe der linken Straßenbewohner und ließ seinen Peter weiter üben – und der nahm manchmal Kinder aus dem Römerschlösschen mit. Zum Entsetzen der Bewohner der linken Straßenseite. Doch zum Entzücken der Römerschlösschenkinder. Und zu unserem Neid.

Auf der rechten Seite wohnten „Weiber," auch „Flintenweiber", wie sie verächtlich genannt wurden. Verboten, sagte unsere Mutter. Auf der linken Seite wohnten „Frauen." Rechts „Kerle" oder „fiese Möppe," links „Männer", rechts „Wechselbälger."
„Mutti, was ist ein Wechselbalg?"
„Wie dat Annegret, dat singende Peerd – und dat is auch noch jeflappt, unter dem Adolf hätte dat nich överlevt", der Adelheid ihr Willi, der aufgeschwemmte Peter, dat Roswitha, dat Elke, der Fritz und viele mehr.

Links wohnten „Kinder", rechts herrschte „polnische Wirtschaft", links gab es „Familien."

Wir wohnten links. Im 3. Stock, mit Ausblick auf das Römerschlösschen, notdürftig untergebracht nach dem Krieg in zwei Zimmern; das dritte Zimmer war zwangsbelegt worden vom Fräulein Buchloh. Die hatte auch ein Wechselbalg mit einem Franzosen.

„Mit dem war ich verlobt!"

Das aber war 'was anderes, die kam aus Trier und arbeitete im Präsidialamt.

Das Römerschlösschen war eine ehemalige Kaserne, mit einer hohen Mauer drum herum. Wir Kinder durften nie, nie, bei Androhung von Abendessens- und Taschengeldentzug, auch nur in die Nähe des Tores, nie reingucken, nie das Gelände betreten, nie mit den Bälgern spielen oder reden, nicht mit ihnen gemeinsam zur Schule gehen. Das Römerschlösschen war für uns tabu.

Die Bewohner waren fast alle aus der Altstadt, ausgebombt und hier über mehrere Jahre provisorisch untergebracht. Jede Familie, egal wie kinderreich, bekam zwei Zimmer zugewiesen, dazu meist Gemeinschaftsklos auf halber Treppe.

„Möchte zu gerne wissen, wie die aussehen", sinnierte unsere Mutter, und Gemeinschaftsküchen, „total verlottert", wusste sie von der Tante Liss, die es in ihrer Bäckerei von den Frauen erfahren hatte, „die putzen nie, alles verklebt und fies, und erst die Waschbecken!"

Die Männer, die Kerle, arbeiteten nie oder nur gelegentlich, bis sie wieder genug Geld für Bier hatten, ihr eigentlicher Zeitvertreib. Immer eine Zigarette im Mundwinkel, dazu Kartenspiele, Bier aus der Flasche getrunken.

„Proleten", sagte unser Vater angewidert, der sowieso kein Bier trinken durfte, höchstens 'mal im Sommer, wenn es ganz heiß war. Sie hingen hemdsärmelig auf den Eingangstreppen, spielten Karten, beschimpften sich lautstark.

„Du betuppst."

Rauchten, kauften auf Pump und ließen anschreiben, wie ihre Frauen auch, verschwanden meist nachts zur Arbeit und hatten ständig Kontakt mit der Polizei. Die allerdings fuhr mit dem Peterwagen nur bis zum Eingangstor, und die Schutzmänner verließen selten den Wagen, nur in richtigen Notfällen. Ab und an war einer der Männer längere Zeit überhaupt nicht zu sehen, dann berichteten ihre Kinder stolz, dass der Vater „auf'm Blech saß", weil er auf Pützchens Markt geklaut hatte, Streuselkuchen oder Socken oder mal ein Portemonnaie.

„Fürrrrchterlich", seufzte Tante Liss, „dass es so was gibt!"

Manchmal wurde auch richtig geklaut, dann gab es Großeinsatz mit vielen Peterwagen und heulenden Sirenen, damit das Römerschlösschen gewarnt war. Während die Polizei langsam vorfuhr, bildeten die Bewohner des Römerschlösschens, Kerle, Weiber und Wechselbälger, eine Kette und reichten das Diebesgut von Hand zu Hand über die Mauern des alten Judenfriedhofs in die ehemaligen Baracken am Augustusring. Und wenn dann die Polizei mit Blaulicht und Martinshorn zum Augustusring fuhr, bildeten dessen Bewohner eine Kette und über den alten Judenfriedhof kam alles wieder zurück ins Römerschlösschen. Die Weiber lachten laut und die Kerle tranken erst einmal ein Bier aus der Flasche.

Die Weiber waren immer auf dem Gelände, rund, ungepflegt, mit ausgewachsenen und ungewaschenen Dauerwellen, in Kitteln oder Schürzen, auch im Winter ohne Strümpfe, aber mit leuchtend roten verschmierten Mündern. Schrill kreischten sie den Männern Obszönitäten nach:

„Biste hungrich Jüngelchen? Mutti hat wat Feines für dich", auch unserem Vater, weil der ja Akademiker war und jedes Mal so schön zusammenzuckte und schneller weiterging. Dann hauten sich die Weiber auf die Schenkel, lachten sich halbtot – „ich könnt mich bedrisse" –, erzählten sich Unverständliches im dicksten Bönnscher Platt, rauchten, tachtelten ihren Blagen eine, zogen auch schon mal die Röcke unmissverständlich hoch, und tranken Bier aus der Flasche, wie die Kerle.

„Grrrrauenvoll", seufzte Tante Liss, die ihnen aber trotzdem Brot und jede Menge Sahnetorten verkaufte, wenn die Kinder „Kummelion" hatten und als Engelchen ausstaffiert wurden, mit weißen Organzakleidchen, um die wir sie glühend beneideten, weil wir ja nicht katholisch waren, weißen Söckchen, schwarzen Lackschühchen und riesigen weißen Kerzen. Die Jungens in kleinen schwarzen Anzügen und ausnahmsweise sauber, eine Weile zumindest. Und so ab in die Kirche, zur „Kummelion" oder Fronleichnamsprozession. Der Priester von der Josefs-Kirche nahm sie alle, vor allem die kleine Spende, mit denen die stolzen und schwitzenden Eltern ihre Sünden verkauften.

Nachmittags dann die große Feier, mit allem, was man sich denken konnte, Sahnetorten und echtem Kaffee.
„Wollt Ihr mal riechen, Frau?
Mit guter Butter und Cognac, Branntwein, Schnaps und abends Massenschlägerei:
„Wenn du dat Mia nochmal anpackst, schlach ich dich tot."
Riesengeschrei, brüllende Kerle, zeternde Weiber, manchmal mehrere Peterwagen, meist in Eigenregie befriedet – und dann lachten die Weiber wieder johlend.

Die Nachbarinnen in unserem Haus, dicht gedrängt an den Fenstern, in wohligem Entsetzen, konstatierten, dass sie jetzt wieder dabei sind, drüben.

„Pack schlägt sich, Pack verträgt sich", philosophierte unsere Mutter und schickte uns eiligst ins Bett.

„Dieser Schmutz, es ist widerwärtig", sagte unser armer Vater, „wir müssen hier wegziehen."

Das fanden wir Kinder allerdings überhaupt nicht. Es war ja viel lustiger drüben als bei uns, wo man das schöne Händchen geben musste und nicht Platt sprechen durfte und beim Essen zwei Bücher unter die Ellenbogen geklemmt kriegte, damit man die Arme schön an den Körper anlegte und sie nicht später auf Akademikerbällen dem Nachbarn in die Rippen stieß. Und Turnbeutel im Hohlsaumstich nähen, eine Katastrophe, da die ganze Familie zwei linke Hände hatte. Und einen Knicks machen und zweimal am Tag die Zähne putzen und Blockflöte üben, weil ja Musik bekanntlich die Intelligenz fördert. Und beide Seiten der Hände und dazu den Hals waschen und am Wochenende am Rhein spazieren gehen mußte. Und im Radio Beethoven anhören sollte, weil alle höheren Töchter Beethoven hören. Wo doch der noch dazu in Bonn geboren war. Die mussten sich nicht das Beethovenhaus angucken, wussten nicht einmal, wer das überhaupt war.

„Han ich nie jehört, tritt der im Radio auf?"

All das mussten die „Wechselbälger" vom Römerschlösschen nie. Die liefen in schmutzigen zerrissenen Kleidern rum, im Sommer barfuß, mit Rotznase, am Ärmel abgewischt, der schon ganz blank war. Was unsere Mutter veranlasste, uns da Knöpfe hinzunähen. Schon im Februar liefen die mit Kniestrümpfen 'rum, während wir bis Mai lange kratzige Wollstrümpfe, befestigt an einem Leibchen, tragen mussten. Akademikerkinder hatten empfindliche Blasen.

„Memmen", schrieen die Wechselbälger hinter uns her, aber das hat unsere Mutter nicht erweicht.

Vom 3. Stock aus konnten wir über die verbotene Mauer auf das Gelände sehen, wo es von Kindern aller Altersgruppen nur so wimmelte. Regelmäßig hatten mehrere der Kinder Läuse und lief dann wochenlang kahl geschoren herum. Die 13jährigen Jungens rauchten schon und tranken wie ihre Väter Bier aus der Flasche, hörten nach fünf oder sechs Jahren mit der Volksschule auf und gingen auf den Bau. Oder klauen. Aber nie in der Nachbarschaft, das mussten sie zurückbringen und sich dafür entschuldigen.

Die älteren Mädchen hatten schon ihre ersten „Wechselbälger", die sie völlig schamlos im Kinderwagen 'rumkutschierten oder auf dem Arm rumbündelten.
„So was Verdorbenes, hat es schon so früh gemacht (was?) und schon mit 14 ein uneheliches Kind", schimpfte unsere Mutter, „überhaupt sieht die verboten aus, wie ein Flintenweib."

Mit dem ersten Kind mussten die jungen Mütter die Volksschule verlassen, uns Kindern ein mahnendes Beispiel. Die würden nie Akademiker heiraten wie wir und nie auf Burschenschafterbällen mit Ärzten und Rechtsanwälten und Beamten tanzen.

Dann kam der Totogewinn. Eine Familie hatte richtig getippt, 60.000 Mark. Unser Vater wurde fast ohnmächtig, als er die Summe hörte. Sechzigtausend, die waren reich, warum mussten die gewinnen, wo wir nicht mal spielten, aber es doch viel eher verdient hatten. Man könnte sofort ein Eigenheim kaufen, bar, und wegziehen aus diesem Topflappenviertel, weg in eine grüne Siedlung, wie sie am Bonner Stadtrand gebaut wurden, am Venusberg oder in Meckenheim, drei Zimmer, Schlafzimmer, Wohnzimmer, ein Kinderzimmer, mit Garten, nette gepflegte Nachbarn, der richtige Umgang für die Kinder, es war einfach ungerecht.

Vier Nächte haben sie gebraucht, dann war das Geld durch, vier Nächte gefeiert, alle zusammen. Gejohlt, gelacht, getanzt, geraucht, gesoffen, mit Lieferwagen und Delikatessen und echtem Schampus. Und dann war alles versoffen, weg, das ganze schöne Geld, weg, verprasst, verfeiert. Wieder wurde unser Vater fast ohnmächtig, als er dieses sinnlose Tun beobachtete.

Die Tante Liss war glücklich und weniger kritisch, sie verkaufte Mandelhörnchen und Bonbons für die Kinder und Sahnetorten und echten Kaffee. Als das Römerschlösschen dann später, in den 1970er Jahren, abgerissen und ein teurer Neubau errichtet wurde, war ihr Geschäft auch am Ende. Die nachfolgenden Regierungsbeamten kauften sparsam, am liebsten Brötchen und Teilchen von gestern und ernährten sich gesund. Sahnetorten waren aus der Mode gekommen und ebenso verschwunden wie die Bewohner des Römerschlösschens, mit Kerlen, Weibern, Wechselbälgern, dem singenden Pferd, dem Schmitz Adele und dem Klärchen.

Ja, dat Klärchen. Dat Klärchen war schwarz. Eigentlich war es eher braun, wie die Negerpuppe, die wir uns so sehnlichst wünschten.
„Ein Mischling", sagten die Frauen beim Bäcker, „dem Klärchen sein Mutter hat es mit einem Neger gemacht", sagten die Frauen im Kolonialwarenladen, „dat Schmitz Adele hat siebenerlei Blagen", sagten die Frauen beim Friseur. „Dat Schmitz Adele ist ein Biest", sagten die Frauen in der Nachbarschaft.

Dat Klärchen ging zur gleichen Volksschule wie wir, aber wir durften nie zusammen mit ihr gehen, weil sie ja ein Negerkind war. Was ihre Mutter zu der Äußerung brachte, „wartet nur, Frau Steinhardt, bis Euer Heide soweit ist, da werdet Ihr noch wat erleben."

„Du Luder", zischte Sophia durch die Zähne und grüßte ab jetzt dat Schmitz Adele nicht mehr.

Und das brüllte auch ihr Mann, als er aus der Kriegsgefangenschaft entlassen wurde und die Römerstrasse hochkam.

„Adele, du Luder, warte, ich bring dich um."

Brüllte, schlug um sich und tobte – und wir Kinder lagen im Fenster, richtig erschrocken, so redeten unsere Eltern nie miteinander, die stritten sich nur leise, zischend – und ein bisschen gruselig neugierig, ob er es wahr machte, und was sonst noch passieren würde.

Dat Adele aber hatte vorgesorgt. Seit sie den Brief mit der Ankündigung der Heimkehr ihres Mannes bekommen hatte, waren sie und das Römerschlösschen im Alarmzustand. Niemand wusste genau, wann er kam, aber sie hatte alle Nachbarn informiert. Das Römerschlösschen war bereit.

Dem Klärchen sein Vater stieg in der Graurheindorfer Straße aus der Straßenbahn und ging Richtung Römerstrasse. Der Wirt vom „Platzbäcker" sah ihn und schickte sofort seinen Peter los, Adele zu warnen. Die wiederum schickte einen Verwandten aus, ihren Mann in Kenntnis zu setzen und Verhandlungen einzuleiten.

Adele hatte ihre vier weißen Kinder zu Nachbarn geschickt und sich mit dem Klärchen verbarrikadiert, mit Schränken und Stühlen die Tür verrammelt. Belagerungsring eins waren die Weiber aus dem Römerschlösschen, die auch siebe-

nerlei Kinder hatten, aber das sah man denen nicht an, „mindestens drei verschiedene Väter", sagte unsere Mutter, die es wissen musste, „und mit keinem verheiratet."
Belagerungsring zwei waren die Kerle aus dem Römerschlösschen, deren „Kinder bei anderen Leuten aus dem Fenster gucken", wusste unsere Mutter. Wieso guckten die bei anderen Leuten aus dem Fenster? Durften die das zu Hause auch nicht wegen ihrer Mutter?

Es wurde verhandelt. Dat Adele sagte es den Frauen, die Frauen sagten es den Männern, die Männer sagten es dem Klärchen seinem Vater, der sagte es den Männern, die es an die Frauen weiterleiteten, von dort zu dem Adele, hin und her, her und hin, Bedingungen wurden gestellt. Dat Klärchen muss weg. Dat Adele weinte, bettelte, drohte. Der Alte brüllte, Bier kam, Zigaretten hatten die sowieso immer parat. „Ich bring dich um, dich und den Wechselbalg, du hass es (was?) mit einem Neger getrieben."

Bis vier Uhr morgens brüllte der Alte, trat gegen Wände und Türen, warf mit Gegenständen um sich. Doch dann kapitulierte er, „lass mich doch 'erin, Adele, ich donn dir auch nix", und versprach, dat Klärchen an Kindesstatt anzunehmen. Auf ging Adeles Tür und man feierte Versöhnung.

„Pack schlägt sich, Pack verträgt sich", sagte unsere Mutter, die uns am nächsten Tag über das Notwendigste informierte, weil wir ab acht Uhr abends nicht mehr zuschauen durften. Später hat dat Klärchen dann einen Akademiker geheiratet, was unsere Mutter ihr und vor allem dem Akademiker bis zu ihrem Lebensende nicht verziehen hat.

Überhaupt war es ein Wunder, dass wir den Anfang sehen konnten. Normalerweise holten unsere Eltern uns sofort vom Fenster weg, wenn irgendwas im Römerschlösschen los war. Wegen dem Schmutz – und so verdorben, wie die sind!

Natürlich haben wir doch allerlei gesehen, besonders nachts, wenn gegenüber das Theater losging und unsere Eltern glaubten, wir schliefen schon. Und haben uns mit wohligem Grausen gefreut, dass wir keine Wechselbälger waren und später zur höheren Schule gehen durften. Und das alles anschauen konnten.

Wenn sie wütend war, war unsere Mutter dem Römerschlösschen näher als der neuen akademischen Kaste, in die sie geheiratet hatte. Sie beherrschte den gleichen breiten Bonner Dialekt, wandte ihn auch zeternd an, wenn es Streit mit drüben gab, hatte den gleichen derben Humor, hasste die katholische Kirche, „Jesus stand am Golgatha, fideralala, fideralala", ahmte sie die Heilsarmee nach, außer natürlich bei „Kummelionen" und Beerdigungen und am Aschermittwoch. Unser Vater dagegen war zutiefst erschrocken, angewidert von diesen Menschen mit ihrer rauhen Sprache, ihrer Unmoral, ihrer Kinderzahl, ihrer Art, sich und die Familien zu ernähren. Weg wollte er mit der Familie, nur weg, uns alle vor dem Schmutz der Strasse retten.

2. Die Biester

Es gab Biester, widerliche Biester und ganz fiese Biester. Die Engländer waren Biester, sagte unsere Mutter. Die hatten Bonn ausgebombt, Schiffe und Kähne im Rhein versenkt, ließen die deutsche Bevölkerung hungern, die Biester. Aber dann hat der Churchill gesagt, „wir haben die falsche Sau geschlachtet." Triumph, wir waren rehabilitiert, und die Engländer waren nur noch gelegentlich Biester. Wenn sie Ausgangssperre verhängten oder von deutschen Frauen er-

warteten, dass sie zur Seite traten und ihnen den Weg frei-
machten.

Nachts waren die Biester allerdings willkommen. Heimlich
schlichen sie in unser Haus, streng verboten, fraternisieren
mit dem Feind, und feilschten, handelten, tauschten. Dank
Harold konnte unsere Mutter Englisch. Sie war über die
Dörfer gezogen, mit einem kleinen Panjewagen, und hatte
Zuckerrüben gehamstert. Die Bauern hatten sie für verrückt
erklärt. Wer wollte denn Zuckerrüben, das haben sie den
Schweinen verfüttert. Wollte die Frau nicht lieber Schinken
oder gute Butter für ihre französischen Parfümfläschchen?
Nein, Sophia wollte Zuckerrüben, rührte zu Hause einen
eklig riechenden Brei an, kochte Rübenkraut, für die Kinder
aufs Brot, und Zuckerrübenschnaps für die Engländer. Und
die kamen und brachten Zigaretten und Kaffee mit. Dafür
tauschte sie eine Sitzbank mit Kasten, einen Tisch, ein altes
Sofa. Und Essen für die Familie. Die Engländer hatten auch
häufig Schokolade für die Kinder dabei („I've got a little girl
like you at home") und einmal sogar eine Orange, die wir für
einen Ball hielten.

Die Franzosen waren auch Biester, die Marokkaner ganz
fiese Biester, vor denen man sich hüten musste. Die haben in
Köln…, Köpfe zusammen, Getuschel, wirklich, großgütiger
Gott im Himmel, was haben die in Köln gemacht, Tante
Liss? Die Belgier unten aus der Baracke waren Biester und
auch der Piek und der Grotewohl aus der Ostzone. Frau
Uhland war ein Biest, Frau Böhm ein widerliches Biest, dat
Philippa ein richtiges Biest mit Haaren auf den Zähnen. Der
Karl-Otto von der Frau Schneider war ein ganz fieses wider-
liches Biest, der immer gegrabscht hat und dazu ein Mömm-
messefresser war und so schmierig. Der Rüdiger war ein
Biest und der Karl-Heinz, der so weißlich aufgeschwemmt
war. Inzucht, sagte unsere Mutter. Und der Herr Peters vom

Kolonialwarenladen. Und die Tschechen, das waren fiese Biester, hatten wie alle Slaven stechende Augen. Und die Italiener, die feigen Biester, rannten alle weg, als die deutsche Armee über die Grenze kam, alle Mann, verweichlicht, kein einziger Held dabei.

Der Karli Fleischfresser war auch ein Biest, aber ein harmloses, 1,50 m klein, ein richtiges Tintenmännchen und schlief mit 45 Jahren immer noch im Bett von seiner Mutti, dem Fräulein Fleischfresser – na, so was. Ferner die Tante Ria und dat Lieschen, die war dem Teufel von der Schippe gesprungen. Sophias Bruder Theo, ein ganz widerliches Biest, den hat der Herrgott im Zorn erschaffen, ihr Bruder Schang, ihr Bruder Emil und die Frau Müller, die dabei noch wie eine Bulldogge aussah.

„Und das war früher mal ein bildschönes Mädchen, die hat allen Männern das Herz gebrochen und Schlange standen sie, das sag ich euch. Na, recht geschieht's ihr, wenn sie jetzt so aussieht, das ist ein richtiges Biest", der Benni und das fiese rothaarige Biest von nebenan und vor allem die Elisabeth, die den verwitweten Opa geheiratet und totgepflegt hat. Weil sie hinter seinem Vermögen her war.

Er hat doch nichts, Mutzelchen, wandte unser Vater ein. Doch, das widerliche Biest will alles für sich. Und kriegte absolutes Besuchsverbot bei uns. Später stellte sich dann heraus, dass die Elisabeth selber reich geerbt hatte – und das hat ihr unsere Mutter richtig übel genommen. So ein fieses Biest, behält für sich, dass sie steinreich ist und gibt meinen Kindern nichts.

Nur das Fräulein Eule war kein Biest. Die war geflappt, jeck und musste in regelmäßigen Abständen ins Irrenhaus. Wenn sie zurück war, kam sie uns zum Frühstück besuchen, allerdings nicht durch die Tür, sondern sie kletterte außen über die Balkone, im 3. Stock, die ist ja total jeck, hab ich doch gesagt. Und dass ihr mir das ja nicht macht, ihr geht über den Flur, Kinder! Oder sie warf ihren Schmuck im Schulzoo gegenüber vor die Tiere, in die Tiergehege, die armen Tiere haben ja sonst nichts. „War sicher Tinnef", sagte unsere Mutter, „man wirft doch keinen echten Schmuck ins Tiergehege!"

Nebenan wohnte die Frau mit dem religiösen Wahn. Aber die war zu doof, um ein Biest zu sein. Rannte dreimal am Tag in die Josefskirche.
„Ihr habt doch überhaupt keine Zeit mehr zu sündigen, wat jeht Ihr denn so oft? Ham Se Je-, ham Se Je-, ham Se Jesus nich jesehn, sah'n Se ihn vorübergeh'n?"
Als deren Mutter starb, stand in der Zeitung, „Dem Herrn über uns hat es gefallen, mein liebstes Mütterlein zu sich zu nehmen."
„Was hat denn der Herr Uhland damit zu tun, der nimmt dat Aal doch nie und nimmer bei sich auf", unsere Mutter, gar nicht fromm.

Und der Kardinal Frings, das war einer, der soll mir mal unter die Augen kommen. Sprach sich in allen Predigten gegen Abtreibung aus, Gott gibt die Häslein, Gott gibt die Gräslein. Der soll mir mal was abgeben, soll Geld schicken für meine Kinder, der hat doch genug, sagte unsere Mutter erbost, die sind doch alle vom „Stamme Nimm!" Und Staniolpapier von den Milchflaschen sollten wir in die Schule mitbringen, für die armen Negerkinder im Kraal. Was sollen die denn im Kraal mit Staniolpapier anfangen, fragte unsere Mutter? Der Lehrer hat gesagt, das wird verkauft und die armen Negerkinder kriegen dann Geld für Essen und Kleidung und werden getauft. Was, und wer gibt mir Geld für Essen und Kleidung für meine Kinder? Keinen Pfennig kriegt der von mir, der kann doch sein Gehalt schicken, hat sowieso viel zu viel, Räuber sind die alle, und Wegelagerer.

Aber uns geht's doch wieder gut, wandte Tante Liss ein, da können wir doch was abgeben? Haben die Negerkinder uns was abgegeben, als es uns schlecht ging? Und überhaupt ist das nur die Schuld der Engländer, die führen ihre Kolonien saumäßig und deshalb sind die Negerkinder jetzt so arm. Wenn Deutschland noch seine Kolonien hätte, säh das ganz anders aus! Aber die haben uns ja die Franzosen weggenommen, die Biester. Wir waren beispiellose Kolonialherren – und in Windhuk sprechen noch alle Neger Deutsch und tragen Pickelhauben, so dankbar sind die heute noch.
Wo liegt denn Windhuk? In Afrika, hier seht ihrs im Atlas. Das hat uns alles 'mal gehört? Ja, das war alles deutsch, gut geführt, mit deutschem Fleiß und Zucht und Ordnung, saubere Farmen, wo die Neger gerne gearbeitet haben. Die Tante Liss konnte das nur unterstützen und lieh uns eins von Bennis Büchern – „Die Vollrads in Südwest." Das war wirklich besser als „Der Trotzkopf." Was die Leute da durchmachen mussten, bis sie endlich etabliert waren und verdientermaßen reich. Wie gerne wären wir dahin ausgewandert, wir Kinder fanden das so aufregend, aber das geht ja nicht mehr, weil die Engländer uns das Land weggenommen haben. Haben die Vollrads sich denn nicht gewehrt? Nein, das haben die Biester unter sich ausgemacht und die Vollrads dann vertrieben. Wohin denn? Na, wieder nach Deutschland, wo die dann arm waren und wieder von vorne anfangen mussten, wie wir nach dem Krieg.

Und natürlich waren die Russen Biester. Da kannst du nur rennen, wenn du die siehst. Russen und Bolschewiken und Kommunisten und Sozialdemokraten und warme Brüder, die sind immer so gewalttätig. Und die Eleanor Roosevelt, das widerliche Biest, fährt durch Deutschland und sagt, die deutschen Kinder sind nicht unterernährt und die deutsche Bevölkerung hat genug zu essen, so ein verlogenes Biest, eine Deutschenhasserin erster Güte. Und die deutsche kommunistische Partei und Balletttänzer, vom anderen Ufer alle, und der Chauffeur vom Staatsrat Globke, hat nicht mal Volksschule abgeschlossen und ist so fies, das Biest, hält sich für was Besseres, nur weil er den Globke fährt.

Und ein ganz widerwärtiges Biest war der Karl-Otto. Ich hau euch die Hucke voll, wenn ihr mit dem spielt oder in den Keller geht. Aber genau das hat er vorgeschlagen, mit ein paar gleichaltrigen Jungens, er wollte uns was Schönes zeigen, wat ihr noch nie jesehn habt. Es war dunkel und wir haben überhaupt nichts gesehen. Aber unsere Mutter wollte uns die Hucke voll hauen. Da ist sie wie eine Furie zu der Mutter von dem Karl-Otto. Wenn ihr Sohn meinen Töchtern noch mal zu nahe kommt, kommt der in die Erziehungsanstalt, dat widerliche Biest, dafür sorge ich. Das war doch ganz harmlos, das sind doch Kinder, haben Doktorspiele gespielt, regt euch doch nicht so auf, Frau, das haben wir doch als Kinder auch gemacht, hat die Mutter von dem Karl-Otto versucht, ihren Sohn zu verteidigen. Nein, ich nicht und meine Töchter auch nicht, dazu sind mir meine Töchter zu schade und wehe, der Karl-Otto guckt noch mal eine meiner Töchter an, da rollen Köpfe, das kann ich Ihnen versprechen!

Ein gefährliches Biest war auch der Kommunist am Bahndamm. Dass ihr mir ja nie an den Bahndamm geht, und wenn ihr den seht, guckt ihr weg, verstanden. Der wohnte in einem alten Eisenbahnwaggon und hatte auch noch in Auschwitz gesessen. Na, die Nazis werden Gründe gehabt haben, den einzusperren, mit Kroppzeug waren die nicht zimperlich.

Mit Biestern durften wir nicht spielen, nicht reden und sie, wenn wir nicht mit ihnen verwandt waren, nicht grüßen. Wir durften ihnen nicht unseren Roller leihen, nicht die Luftballonreifen, nicht mit ihnen in den Keller oder aufs Brachland gehen oder in ihre Wohnungen, nicht mit ihnen auf der selben Straßenseite gehen, nicht mit ihnen in die Schule gehen, nicht ihre Sprache sprechen, ihre Ausdrücke benutzen oder schlechter als sie in der Schule sein. Wieso denn, eine fünf in Heimatkunde, dat kann doch jeder, und dat Inge von nebenan ist soviel besser als du, obwohl der Vater nur aus der Mannschaft ist und kein Akademiker.

Biester waren fies, feige und widerlich oder alles drei zusammen und kein Umgang für uns.

3. Die Handwerker

Römerstrasse, 1. Mai. Ein paar Arbeiter treten heraus, rote Fahnen in den Händen, sammeln sich beim Platzbäcker. Abgetragene Joppen an, Arbeitermützen auf dem Kopf. Wie die aussehen, ich tät mich schämen, so 'rumzulaufen am heiligen Feiertag. Wir sind fein angezogen, Vater mit Hut, wollen runter zum Rhein, zum Rheindampfer nach Oberwinter, Tanz in den Mai, mit den Burschenschaftern.

„Heraus zum schönen Mai."
Sagen unsere Eltern.
„Heraus zum roten 1. Mai."
Rufen die Arbeiter.
„Der 1. Mai ist der Tag der Arbeit."
Sagen unsere Eltern.
„Der 1. Mai ist der Tag der Arbeiterklasse."
Rufen die Arbeiter.
„Die Internationale versorgt die Stadt mit Licht."

Singt unsere Mutter.
„Was ist die Internationale?"
„Verräter!"
Und sie singt es so schön, dass wir den Bonner Stadtwerken dankbar sind, dass sie uns mit Licht versorgen, obwohl sie Verräter sind.

Unsere Mutter dreht uns die Köpfe weg, guckt da bloß nicht hin, das sind Proleten, mit denen wollen wir nichts zu tun haben. Was sind Proleten – wollen wir Kinder wissen. Arbeiter aus der Fabrik, haben nicht mal Volksschule und fordern immer mehr, können den Rachen nicht voll kriegen. Unser Vater, diplomatischer, das sind ja auch nur Menschen, wir haben ja nichts gegen die... Haben wir doch, das sind alles Kommunisten.

„Was sind Kommunisten?"
„Feige Hunde, moskauhörig, wollen uns an Moskau verkaufen", unsere Mutter. „Vaterlandslose Gesellen", der Vater.
„Haben die kein Vaterland?"
„Die kennen keins."
„Und dürfen die in der Römerstrasse wohnen?"
„Leider."
Und guck mal, der Herr Schwertfeger geht auch mit, hätt' ich nicht von dem gedacht, der ist doch Angestellter. Guckt weg, den grüßen wir nicht mehr!

Unser Vater hatte nach der Kriegsgefangenschaft sein Studium wieder aufgenommen und machte ein Praktikum beim Arbeitsamt. Damit waren wir Akademiker und durften zum Tanzen zu den Burschenschaftsfesten. Abgebrochene Studenten schmeißen die raus, sonst hätten die ja das ganze Kroppzeug. Natürlich wohnten ärgerlicherweise nebenan auch Leute aus dem Mannschaftsstand, Nichtakademiker. Leider kann man sich die Nachbarn ja nicht aussuchen,

sonst wären wir schon lange weg, hätten eine rein akademi-
sche Siedlung gewählt, nur mit Bundesbrüdern. Aber so
wohnten Leute da, die auch für Regierung und Arbeitsamt
arbeiteten, aber aus dem Mannschaftsstand und einer Tochter, die – obwohl aus dem Mannschaftsstand – viel bessere
Noten hatte als wir Kinder aus den höheren Beamtenlauf-
bahnen. Und das, wo doch die Schule so teuer ist. Und wo
doch jeder weiß, dass nur Akademiker intelligente Kinder
haben. Deshalb müssten die eigentlich viel mehr Kinder
haben, um ihre Intelligenz zu vererben. Sagte unsere Mutter.

Daneben hatte unser Vater irgendwo einen alten „Adler"
aufgetrieben und mit Hilfe vom Onkel Schang finanziert.
Der war schließlich Patenonkel und konnte dat ruhig für dat
Kind machen, die sind doch so „chrisskatholisch." Die Kin-
der vom Römerschlösschen wachten eifersüchtig über das
zweite Auto in unserer Strasse, bettelten:
„Ach bitte, Herr Steinhardt, lasst mich doch opp der Wagen
oppassen."
„Auf den"?
„Wie? wat? Opp der, han ich doch jesät."

Mit dem „Adler" fuhr unser Vater als Handelsvertreter über
die Dörfer der Eifel und versuchte, Stoffe zu verkaufen. Kam
am Wochenende wieder und hatte nichts verkauft.
„Nichts? Ja biste denn total verdötscht? Wieso nichts?"
„Ja, ich hatte so viel Mitleid mit den alten Frauen, die haben
ja auch nichts, da habe ich denen was abgekauft."
„Und wovon sollen wir nun leben?"
„Ich habe dir doch gesagt, ich eigne mich nicht zum Kauf-
mann."
„Sonst kannst du auch nicht viel."
Er hat zwei linke Hände, unegale Finger, sagte unsere Mut-
ter. Kann nichts im Haushalt, stellt sich immer so doof an.
Dabei hatte er doch einen Werkzeugkasten.

Im Werkzeugkasten unseres Vaters gab es einen Hammer, einen Schraubenzieher und Nägel, neue, alte, rostige, verbogene, sorgfältig, aber unkundig nach Gebrauch wieder aus der Wand gezogen, von unserem Vater.

„Also Horst, du denkst doch nicht im Ernst, dass ich neben den Kindern und dem Hamstern auch noch Nägel aus der Wand ziehe?"

Also, Nägel wurden aus der Wand gerupft, wenn sie nicht mehr gebraucht wurden, jeder einzelne Nagel, es waren ja die schlechten Zeiten und man musste sorgsam sein, alles musste gespart werden, und wer wirft denn einen guten Nagel weg – aus der Wand gezogen mit bloßen Händen und List, manchmal mit Kraft, oft mit Ohnmacht oder Fluchen, manchmal unter der sachkundigen Aufsicht vom Onkel Schang, der war ja Bäcker, also Handwerker, und kannte sich mit Nägeln aus. Der Onkel Fritz war nicht so erwünscht, doch beim Schwimmunterricht wurde er akzeptiert. Aber da auch nur, wenn die Adele dabei war, eine knochige Bademeisterin mit gutem Schwimmstil.

„Schön. Weitausgreifende Bewegungen, hoch hinaus hinten, mit großem Armschwung", tadellose Schwimmerin, dünne pergamentene Haut über muskulösem Körper. „Hart wie Krupp-Stahl!"
„Sieht aus wie 'ne Mann", kommentierte unsere Mutter.
„Ich frag mich auch, warum die Zeit ihres Lebens nicht geheiratet hat", nachdrücklich.

Nie wurde ein alter Nagel ignoriert, aber auch nie wurde ein rostiger verbogener Nagel oder ein Dübel mit dem geeigneten Werkzeug aus der Wand gezogen, z.B. mit einem Hammer, der einen gesplissten Kopf hatte – eben, um damit Nägel herauszuziehen.

Er werkelte, so schlecht er konnte – und sie meckerte. Gut, brillant. Meckern will gelernt sein – und sie hatte es gelernt. Hatte sie nicht sieben lebende Brüder? Und sechs totgeborene, früh geborene, verlorene Geschwister, Brüder und Schwestern?

Daneben gab es ein paar Schrauben im Werkzeugkasten, zwei oder drei Dübel, von denen unser Vater keine Ahnung hatte, wozu sie gut sein sollten, ein Zollstock, sorgfältig zusammengefaltet, mehrere Schichten übereinander, die konnten wir Kinder so schön entfalten.

„Jungfrauenbeine", meckerte Onkel Fritz schrill und begeistert, woraufhin unsere Mutter ihn energisch auf seine Oberschenkel schlug.

Vor Entrüstung fällt sie in ein moderates Bönnscher Platt, was sie sonst eigentlich ablehnt, da wir ja keine Proleten, sondern Akademiker sind und in die höhere Schule gehen, die schließlich viel Geld kostet. An dieser Stelle bricht Tante Lieschen – wie immer – in Tränen aus, weil:

„Dat Mensch ja in Paris war und so hunsjemein iss und nur dat Schlechteste sieht und überhaupt kann der arme Fritz dafür ja nix, der wollte ja nur lustig sein.

Tante Lieschen protestiert halbherzig:

„Dat Sophie spinnt, aber dat hat ja auch nen Akademiker jeheiratet und war in Paris" und weint ein bisschen, unter den bösen Augen vom Onkel Karl.

„Dat soll sich da raushalte, ich sach ja auch nix über wat dat jedonn hat in Paris."

Mutters Tirade geht schonungslos weiter.

„Und dat mit dem Lustigsein, dat hat der Benni ja auch schon jedonn", und setzte sich zwischen uns und den lustigen Onkel Fritz. Später, beim Onkel Hajo, dem besten Freund ihres Mannes ist sie nicht mehr so wachsam, denn der ist ja auch Akademiker und Bundesbruder in einer schlagenden Verbindung und fein und Beamter in leitender Position, geht zum wöchentlichen Schoppen und verkörpert alles, was sie erstrebte in ihrem Leben. Vor allem seine dickliche, altfränkische Frau, die mit Körpereinsatz seine Karriere fördert, und nicht bemerken will, dass immer nur er die Mädchen zum Abschied zur Tür bringt und lange Minuten zur Verabschiedung braucht. Die Mädchen sprechen oft von seinem alkoholisierten Atem, beschließen aber, um den Vater zu schonen, lieber nichts zu sagen, und einen Bogen um ihn zu machen.

„Fuchsschwanz" kannte unser Vater nicht einmal dem Namen nach. Auch ausmessen, kleben, ausschneiden, abmessen, malen, sägen konnte er im Grunde nicht. Wozu auch, es gab ja gelernte Handwerker, Verwandte, Nachbarn. Er konnte auch nicht auf fahrende Züge springen, obwohl der Kardinal Frings doch gesagt hatte:
„Dat dat alles jottjefällig ist, weil Jottes Kinder doch överleven sollen."
Aber das ist doch eine Sünde, Herr Kardinal. Wir sind alle kleine Sünderlein, es war immer so, war immer so. Und wenn er dann mal ein Brikett oder drei Kartoffeln hatte, hat er die dem Mann mit den vier Kindern gegeben – er hatte ja nur drei.
„Hast du den Verstand verloren, Horst, gibst das Brikett jemand anderen? Meinst du, der hätte dir was abgegeben?"

Unsere Mutter konnte es. Konnte hamstern und auf fahrende Züge springen. Konnte alles, natürlich, wer, wenn nicht sie. Sie erschreckte uns maßlos mit ihrer Tüchtigkeit, ohne die wir alle verhungert wären, schüchterte uns ein, machte uns fürs Leben unfähig in vielen praktischen Dingen. Konnte alles und wusste alles. Und besser. Und ließ das jeden ungefragt wissen, Mann, Kinder, Verwandte, Nachbarn, Vorgesetzte.

Was macht eine so energiegeladene Frau mit einem so unbegabten Handwerker? Er war so nett, ein Herr, grüßte alle in der Nachbarschaft mit gehobenem Hut, „die doch nicht, Horst, das ist Pack", und machte die Buchführung für alle kleinen Läden, für den Frisörladen, für die Bäckerei, den Gemischtwaren. Seine Töchter wurden dann ausgeschickt, ihm zwei Zigaretten „Juno" (aus gutem Grund ist Juno rund) zu kaufen – zwei Stück, was selbst seine Frau, unsere Mutter, ihm nicht verwehren konnte.

„Das braucht ein Mann manchmal," war der schlaue Rat aller Schwägerinnen und Nachbarinnen.

„Sophia, lass doch dem Horst mal ein bisschen Leine," bat Tante Liss.

Unser Vater benutzte diesen Werkzeugkasten fast nie, eigentlich nur, wenn seine Frau ihn aufforderte, endlich ein aus der Zeitung ausgeschnittenes Photo „das ist der Adenauer und hier ist der Duvigneau, und den kenn ich" auf weißes Papier zu kleben und an die Küchenwand zu hängen.

„Das ist der Chauffeur vom Adenauer, mit dem war ich auf der Schule", oder ein Photo aus ihrer glorreichen Vergangenheit, „hier ruder ich mit Fürst Esterhazy in der Uni-Mannschaft", an die Wand zu hängen.

Wir Kinder konnten uns nicht einkriegen beim Betrachten dieser Photos – eine wunderschöne junge kinderlose Mutter mit Fürst Esterhazy auf einem Ruderboot irgendwo auf dem Rhein – oder war's die Donau? Widmungen auf der Rückseite, „meiner leidenschaftlichen Tigerin, Dein Esterhazy in ewiger Liebe für immer."

Vaters Gesicht verzogen, Mutter triumphierend, „und er wollte mich heiraten und mit nach Ungarn nehmen", aber dann kam dieser Engländer von der BBC dazwischen. Und wir Kinder sollten, Jahre nach dem Krieg, herausfinden, ob ihr Harold noch lebte und ob er sie noch liebte (kein Zweifel) und ob er noch für die BBC arbeitete – welche Wonne für drei kleine Mädchen.

Der Brief wurde in mühsamem Englisch verfasst und an die BBC geschickt. „Sir, please let us know....," aber Harold hatte es sich wohl anders überlegt oder war verzogen oder tot oder fett und verheiratet (kein Hindernis für Sophia, „der kommt bestimmt zurück, der wollte mich heiraten, wenn nicht der Hitler die Macht ergriffen hätte") und die BBC hat es nicht für nötig befunden, diese Jugendromanze zur Chefsache zu machen.

No reply, erste Enttäuschung aus der anglophonen Welt für die drei kleinen Mädchen.

„Und Englisch lernen wir auch nicht, das ist die Sprache des Feindes", befand unsere Mutter verärgert.

Und das erklärt Mutters Hinwendung zur frankophonen Welt, einer Welt, die sie aus dem Krieg, aus Brest und Paris so gut kannte.

„Wir lernen französisch. Die Franzosen können ja so charmant sein. Und hatten es so gut unter den Deutschen. Das durften die nur nicht laut sagen."

„Warum denn nicht?"

„Na, wegen der Maquis."

„Was wollten die denn?"

„Die wollten uns raushaben, die widerlichen Biester. Aber der Monsieur Jeanot hat immer gesagt, er ist so froh, dass ich in Paris bin."

Die drei kleinen Mädchen sind mit Begeisterung erfüllt. Frankreich! Ferien in Frankreich!

Wir würden später Ferien in Frankreich machen, wenn die schlechten Zeiten vorbei waren. Man musste nur ein bisschen französisch lernen. Was Sophia mit leichten Schlägen auf den Hinterkopf unterstützte. Da es ja die Denkfähigkeit erhöhte. Was alle in den Jahren nach dem Krieg wussten.

Auf dem Rheindampfer nach Oberwinter tanzten die Burschenschafter und sangen „Ännchen von Tharau" und das Deutschlandlied, alle drei Strophen, feuchte Augen, ergriffen, wir lieben unser deutsches Vaterland und beweisen Schneid und hör dir doch bloß mal die Marseillaise an, da fließt das Blut in Strömen. Singen und trinken am hellerlichten Tag und fühlen sich mutig, weil außer ihnen keiner alle drei Strophen singt, aber wir müssen ja den Kindern ein Vorbild sein. Unsere Mutter sieht alles, durchschaut alles, weiß alles, will die Töchter standesgemäß verheiraten, nicht unter Preis und nach ihren Bedingungen und Geld soll dabei im Spiel sein und ein Mercedes und am liebsten an einen Burschenschafter.

4. Der Alte

Der Alte war ein schlauer Fuchs. Dazu sprach er rheinisch und war „chrisskatholisch." Er kam zwar aus Köln, wohnte aber in Rhöndorf – und das war fast Bonn. Also war er Bonner. So musste ein Bundeskanzler sein, nicht wie diese hochdeutsch sprechenden Politiker, die auch noch zum Überfluss Sonntagsreden hielten und in großen Scharen nach Bonn zogen, hohe Posten einnahmen und das Land regierten.

„Unsere Leute sind natürlich nur Chauffeure und Dienstboten für die hohen Herren", höhnte unsere Mutter, „die schieben sich und ihren Leuten alle guten Stellen zu, Beschiss."
Das durfte sie sagen, aber nie wir, dann kam sie mit Seife, um uns das schmutzige Wort aus dem Mund zu wischen, unerbittlich, Mund auf, Seifenschaum, Heulen, Tränen, Geschrei.

Und schlau war der Alte. Hatte Bonn als Bundeshauptstadt ausgewählt, weil ihm Köln zu proletenhaft war, er aber im Rheinland bleiben wollte. Und weil es ihm hier immer so gut gefallen hat. Verdientermaßen war Bonn die Bundeshauptstadt, da waren sich alle Nachbarn und Verwandten einig. Es gab keine deutsche Stadt, die sich besser geeignet hätte. Man konnte über den Rhein schwimmen – und die mutigen jungen Männer sprangen von der Rheinbrücke runter, obwohl das verboten war. Dann kam jedes Mal ein Peterwagen und versuchte, sie zu fangen, aber die waren gewitzter, schwammen rheinabwärts, wo sie ihre Kleidung im Gebüsch versteckt hatten und waren einfach weg. Schlau, unsere Bonner Jungens! Man konnte auch rheinaufwärts rudern und sich von holländischen Kähnen mitnehmen lassen, zumindest ein Stück, sonst war es unsportlich. Wir haben allerdings nie Beamte gesehen, die sich haben mitnehmen lassen mit ihrem Ruderboot, oder die über den Rhein geschwommen sind.

Dieser schöne Bonner Markt, die schöne Altstadt! So idyllisch am Rhein gelegen und so viel Humor bei de Leut'. Wo war der Bonner ohne flinke Zunge, wo einer, der auf den Mund gefallen war, bitte schön? Und die Butter lassen wir uns auch nicht vom Brot nehmen, das kann ich euch versichern. Wo war die Bonnerin ohne Mutterwitz? Wer war so schlagfertig wie wir Bonner. Wer konnte es mit uns an Wortgewalt und Geschwindigkeit aufnehmen? Wer konnte so schnell denken und hatte auf alles eine Antwort parat? Doch nicht die Kölner, nein, das sind doch alles Proleten. Unter dem Adolf haben alle Bonner den Badenweilermarsch gesummt und haben gehinkt, obwohl das verboten war, die hatten einfach Humor. Warum haben die denn gehinkt? Ja, weil der Reichspropagandaleiter Goebbels einen Hinkefuß hatte. Und alle sind ins KZ für ihren Humor? Viele, Kinder. Geht jetzt spielen.

Als dem Peters seine Eingangstür zum Laden weggebombt worden war, hatte er ein Schild aufgestellt: Ab jetzt ist mein Geschäft durchgehend geöffnet. Das war doch echter Humor, Bönnscher Humor. Gibt's nur in Bonn, da hätte man doch gern mal die Hamburger gesehen. Die sind ja so s-teif und trocken, die lachen nie. Und feiern keinen Karneval, dat et dat jit! Mit denen kann man überhaupt nicht warm werden, Pfeffersäcke. Was sind Pfeffersäcke, Vati? Hamburger Kaufleute, die nur Geld verdienen wollen und keine Kultur haben.

Kultur hatten wir in Bonn ohne Frage. Guck dir doch nur das Bonner Münster an – und das Siebengebirge und das Poppelsdorfer Schloss. Und der Beethoven ist auch hier geboren, na also. Ja, hier konnte man es aushalten, hier lebte man gut und könnte noch besser leben, wenn nicht die Biester den 2. Weltkrieg angefangen hätten.

„Fragt der Amerikaner den Deutschen, wofür habt ihr gekämpft? Für Lebensraum. Und ihr? Für Kultur. Sagt der Deutsche, dann hat ja jeder für das gekämpft, was er am meisten brauchte", erzählte Sophia „und dat war ein Rheinländer, ein Bonner, nicht auf den Mund gefallen, so was wär einem Bremer nie eingefallen, die sind ja so furchtbar schwerfällig und langsam."

Ja, und jetzt hatte es der Alte mal wieder allen bewiesen: Der Spätheimkehrer kam. Es sprach sich wie ein Lauffeuer im Viertel herum, der Spätheimkehrer kommt, heute noch.

Aus den Läden und Häusern rannten die Leute herbei, versammelten sich, diskutierten, warteten, selbst die alte Frau Bohnerleit, die verwitwet war und deswegen nicht mehr gehen konnte, kam, an einem Arm der Schwiegertochter eingehängt, am anderen schwerfällig auf den Stock gestützt und wiederholte ein übers andere Mal: Dass ich das noch erleben darf, dafür bete ich drei Rosenkränze und geb' auch was extra in den Opferstock. Der Wirt vom „Bonner Eck" hat Freibier gespendet, die Römerstrasse, der Legionärsweg und anliegende Strassen waren schwarz vor Menschen. So viele Menschen hatten wir Kinder noch nie gesehen. Ja, und das hatte alles der Alte bewerkstelligt, der alte Fuchs, ist nach Moskau gefahren und jetzt kommt der Spätheimkehrer nach Hause. Und das war natürlich ein Bonner!

Was ein Spätheimkehrer war, wussten wir Kinder natürlich nicht, aber es musste etwas Aufregendes sein, etwas ganz Besonderes. Vielleicht so was wie die amerikanischen Millionäre, die alle aus Deutschland kamen, weil der Deutsche, den du mit einer Konserve in den Urwald schickst, am anderen Ende mit einer Lokomotive rauskommt. Überhaupt haben Deutsche fast alles erfunden, sagte unsere Mutter, und die anderen Wartenden stimmten zu, man muss ja nur mal zum Patentamt gehen. Wir Kinder fragten uns, ob der Spätheimkehrer vielleicht so etwas wie ein Filmschauspieler war, von denen die größeren Jungens erzählten, die schon ins Kino gehen durften, so einer wie Curt Jürgens. Aber der war nicht so beliebt, der hatte eine Französin geheiratet, war also ein Deutschenhasser. Oder wie der Partner von der Ruth Leuwerik, wie hieß der denn noch gleich, Tante Liss? Der Gutaussehende, hat auch mal einen honorigen Offizier im 2. Weltkrieg gespielt. Aber deutsche Offiziere waren alle honorig, das sind nur die Biester, die Amis, die uns immer noch so verzerrt darstellen. O.W. Fischer, so einer kommt jetzt, gell Mutti?

Was ist ein Spätheimkehrer, wollten wir Kinder wissen. Einer, der spät aus dem Krieg zurückkommt, weil der Iwan ihn gefangen gehalten und zu Schwerstarbeit in Sibirien verurteilt hat, sagten die Erwachsenen. Wo kehrt der her, wollten wir Kinder wissen. Das wissen wir nicht, sagten die Erwachsenen, irgendwoher, wo der Iwan ihn verschleppt hat, dat fiese Biest. Warum hat der Iwan ihn denn verschleppt, wollten wir Kinder wissen. Weil Deutschland den Krieg verloren hat und daran haben nur die Engländer schuld, die widerwärtigen Biester. Wenn die gleich auf den Hitler gehört hätten, hätten wir gemeinsam den Krieg gewonnen und den Iwan in die Tundra geschickt. Und ihm mal gezeigt, was Zucht und Ordnung ist. Anders funktionieren diese Brüder ja nicht, widerwärtige Biester.

Aber die Deutschen hatten den Krieg verloren und deshalb konnte der Iwan auch unseren Spätheimkehrer verschleppen und ihn jetzt erst, 1953, zurückkehren lassen. Die Menschen standen, rauchten, warteten. Die Männer versuchten würdevoll und gelassen auszusehen, waren nicht aus Neugierde da wie die Frauen, sondern weil dat richtich interessieren tut, so menschlich gesehen. Die Frauen waren aufgeregt, stolz, Zeitzeugen zu sein, flatterten hin und her, riefen nach ihren Kindern, einige hatten es noch geschafft, sich die besseren Kleider und Lippenstift anzuziehen. Dat is mer dem Mann ja schuldig, nach all den Jahren, das arme Schwein.

Wieso ist der arm, Mutti? Ja, weil der verschleppt war und jahrelang seine Frau nicht gesehen hat und dat Kind kennt der auch nicht. So wie dem Klärchen sein Vater? Um Gottes Willen, Kind versündige dich nicht, die sind streng katholisch und dat Kind ist von dem. Hat der Schwiegervater auch gesagt, ganz unser Fritz, wie aus em Gesicht geschnitten, wo der nur ist, hoffentlich ist der nicht tot oder verschollen, erzählt die Tante Liss. Dann kann ihn seine Frau für tot erklären lassen und kriegt Kriegerwitwenrente und kann neu heiraten und dat Kind hat ene neue Vatter. Und kriegt Kriegswaisenrente, sagten die Frauen in der Bäckerei.

Aber er war nicht tot oder verschollen, er kam zurück, heute. Das Deutsche Rote Kreuz hatte seiner Frau die Nachricht überbracht und das Datum, wann er kommt. Und mit einem Auto wird er gebracht, das sind wir Bonner ihm schuldig. Der Bürgermeister war auch da und ein Mann vom „Bonner General-Anzeiger." Warum denn, Mutti? Ja, das steht dann morgen in der Zeitung, damit es alle Bonner, die heute nicht dabei sein können, aus der Zeitung erfahren.

„Und das hat der Alte ganz alleine gemacht", unsere Mutter ist sehr stolz, denn sie arbeitet für den Alten, im Bundeskanzleramt. Und sie weiß aus erster Hand genau, was der Alte macht. Und warum. Er lässt sich ja von ihr in allen wichtigen Regierungsfragen beraten.

Inzwischen ist es Nacht geworden, die Masse wird allmählich unruhig, wann kommt denn der Spätheimkehrer? Die ersten Frauen sind nach Hause gegangen, Brote schmieren, die Nacht kann lang werden. Jetzt trinken auch bessere Männer Bier aus der Flasche. Wir dürfen überraschenderweise auf der Strasse bleiben, das erlebt man nur einmal. Kinder, das müsst ihr euch anschauen. Das sind wir den Spätheimkehrer schuldig, das hat der alles für Deutschland getan und das Vaterland ist dankbar. Hat sich immer dankbar erwiesen. Wir warten! Die meisten Leute sind jetzt aber schweigend und ungeduldig, warum kommt der denn nicht? Und dann kommt er! Ein Wagen fährt langsam durch die Menschenmenge auf das Haus zu, vor dem jetzt auch seine Frau steht, ein zwölf-dreizehnjähriges Mädchen an der Hand, dat Villebienchen. Eine Wagentür geht auf und aussteigt ein steinaltes ausgemergeltes dünnes kleines Männchen, das zögernd auf seine Frau zugeht und ihr dann schluchzend um den Hals fällt. Die meisten Erwachsenen weinen, mindestens alle Frauen, die Männer mehr verstohlen und die ganz kleinen Kinder vor Schreck - und die Familie geht ins Haus. Und das war's. Das war alles? Dafür haben wir gewartet? Das war ja nur langweilig. Und peinlich. Geflennt hat der! Ein deutscher Mann weint nicht, das hatte man uns jahrelang gesagt. War das ein Mann? Hat hemmungslos und in der Öffentlichkeit geweint. Vor allen Leuten!

Wir Kinder sind geniert, schauen nicht die Eltern an, die sich die Augen trockenreiben. Wie peinlich, wie furchtbar peinlich. Männer weinen nicht, der deutsche Junge auch nicht. Weinende Mädchen sind Heulsusen, mit denen will keiner spielen. Nur Frauen dürfen weinen, wenn sie nervös sind – oder wenn jemand gestorben ist. Und der Spätheimkehrer hat vor allen Leuten geweint, Heulsuse!

Ohne den Alten wäre der nicht zurückgekommen, wer weiß, was der Iwan mit dem gemacht hätte. Zwangsverheiratet mit einer Russin und in Sibirien behalten. Aber der Alte hatte das ja verhindert, wahrscheinlich auf Rat unserer Mutter, die manchmal als seine Chefsekretärin arbeitete und ihn immer beriet. Wir Bonner müssen ja zusammenhalten, den Beamten aus Hannover und Aachen kann man ja nicht trauen.

Jedes Jahr gab Bundeskanzler Adenauer ein Weihnachtsfest, mit „Chrissbaum" und Kugeln und Kaffee und Kuchen. Die Männer tranken einen Klosterfrau Melissengeist, die Frauen Eierlikör. Auf den Alten und fröhliche Weihnachten! Gemeinsam wurde dann gesungen „Vom Himmel hoch da komm ich her", alle Strophen, kannten die Leute auch alle. Und dann wollte der Alte, dass wir drei Kinder an seinen Tisch kamen, um ihm Weihnachtslieder vorzusingen.
Barbara saß ihm sofort auf dem Schoß, Heide folgte eher langsam. Nur Dodo ließ sich weder mit Drohungen noch Versprechen überreden, an seinen Tisch zu gehen. Unsere Mutter zischte, drohte. Der Alte nahm's gelassen, ließ sich

mit den beiden Schwestern fotografieren. Vorne wurden Weihnachtslieder gesungen, der Alte war wohlwollend und publikumswirksam.

„Hätt ich nicht gedacht, dass der so kinderlieb ist."

„Der hat doch selber einen Sohn."

„Ja, aber der ist schon über 50."

„Aber da kann man doch kinderlieb sein!"

Nach dem Spätheimkehrer und den Weihnachtsfeiern war unsere Einstellung zum Alten negativer geworden. So viele Leute hatte der betuppt, gefuttelt hat der, hat ein großes Schauspiel versprochen, war nach Moskau gefahren und hatte diesen Wicht mitgebracht.

„Politik ist schmutzig", sagte unser Vater und wir glaubten ihm aufs Wort. Und gruselten uns, wenn der Herr Duvigneau uns im Wagen des Alten mit nach Brühl nahm. Herr Duvigneau war sehr stolz auf sein Auto, einen dunklen Mercedes „und wenn Staatsbesuch kommt, steht vorne die Reichsstandarte, ich meine die Bundesstandarte."

„Was ist eine Standarte, Mutti?"

„Das ist die deutsche Fahne, wir sind wieder wer, sagen die Engländer auch. Und wir können stolz auf unser Land und den Wiederaufbau sein, vor allem auf die Trümmerfrauen."

Der Herr Duvigneau fuhr wahnsinnig schnell, 110 oder 120 Stundenkilometer. Wir drei saßen hinten und Dodo weinte vor Angst. Das Kind ist ein richtiger Feigling, ein Hasenfuß, befand unsere Mutter, dat hat ja vor allem und jedem Angst. Nicht nach mir geraten, eher nach dem Vater.

„Nu lass aber mal gut sein, Sophia", versöhnlerisch die Tante, „der Horst war ja schließlich Stuka-Flieger im Krieg, da muss man mutig sein."

Derweil weinte der Hasenfuß, wenn die Schaukel auf Pützchens Markt halbhoch flog, weinte fürchterlich, wenn der
Knecht Ruprecht mit dem Nikolaus kam, auf dem Rücken
einen großen Sack und daraus baumelte ein Kinderbein,
„der sammelt die bösen Kinder ein und bringt die weg",
stand zitternd im Hauseingang und traute sich erst hoch,
wenn der Knecht Ruprecht in einer Wohnung verschwunden war, weinte vor Angst, wenn der Herr Schwertfeger auf
seine Frau einschlug, wie kann man nur so feige sein, weinte
vor Angst im Bett, wenn die Eltern sich abends im Neben-
raum flüsternd stritten, sprang vor Angst fast vor ein Auto,
weil auf der anderen Strassenseite ein Hündchen lief.
„Aber die Nonnen haben uns doch gesagt, dass der Teufel
ein Höllenhund ist, mit riesigen Tellerrädern aus Feuer als
Augen", woraufhin unsere Mutter siedend vor Zorn in die
Schule segelte, „ihr Nebelkrähen, euch werde ich's zeigen."
Nie würde sie dehnen verzeihen, dass man sie aus der katholischen Kirche heraus geworfen hatte.

Der Alte wusste natürlich nichts von den Absprachen seiner
Bonner Mitarbeiter. Er war ja nicht mit im Wagen. Er wusste
auch sicher nicht, dass seine Sekretärin mit ihren drei Kindern sein Dienstfahrzeug benutzte, um ein paar Tage im
Schwarzwald Urlaub zu machen. Um dann in seinem schön
blank gewienerten Mercedes wieder zurück nach Bonn zu
fahren. Das machten die Bonner, in diesem Fall die wasch-
echten Bonner, unter sich aus. Dem Alten konnte man nicht
trauen, schließlich war der ja aus Köln!

Wir Bonner müssen zusammenhalten, sonst gehen wir unter
wie Sebalds Kätzchen. Und deshalb durfte der Herr Duvigneau, der in unserer Strasse wohnte, jeden Tag die Sophia
mit dem Dienstwagen ins Bundeskanzleramt fahren. Das ist
der mir schuldig, ist ja nur 'ne Gefälligkeit.

Im Jahre 1953 promovierte unser Vater dann zum Dr. rer. pol., was ihn zu einem Piccolo-Sekt, Henkel trocken, berechtigte. Geteilt durch Vater, Mutter und zwei Kommilitonen. Und zu seiner ersten richtigen Stelle. Doch dann machte er den Fehler seines Lebens. Zog aus Bonn fort und das Mutzelchen musste nicht mehr arbeiten.

Jetzt konnte er die Familie ernähren. Die Frau eines Akademikers ging nicht zur Arbeit wie die Arbeiterfrauen, die konnte zu Hause sein und sich ganztags um Mann und Kinder kümmern. Akademikerfrauen arbeiteten nur, wenn sie Ärztinnen oder Juristinnen waren. Oder aber ehrenamtlich.

Sophia grollte, aber nicht ausreichend, fluchte, aber ohne Erfolg. Sie, die sonst so frech war, wagte nicht, sich den Konventionen ihrer neu erheirateten Klasse zu widersetzen. Was sollte sie am Burschenschafterstammtisch sagen, wo doch alle Frauen Hausfrauen waren, sein durften? Wie stand sie vor den Gattinnen der Bundesbrüder da als einfache Sekretärin? Horst setzte sich durch, wohlmeinend, und hat für diesen Fehler den Rest seines Lebens gebüßt. Sophia kündigte beim Alten und kündigte bei unserem Vater.

Nicht, dass sie sich hätte scheiden lassen, das tut man in unseren Kreisen nicht. Sie verweigerte ihm fortan nur konsequent jeden Beitrag im Haushalt, las alles über die alten Ägypter, die Griechen, die Hethiter, lag auf dem Sofa oder im Sommer auf der Liege im Garten und bildete sich in alter Geschichte, las meterweise, las und vergaß Haushalt, Mann und Kinder. Aber nicht den Alten, der jetzt ohne sie auskommen musste. Dat schafft der nie! Da weiß die rechte Hand doch nicht, was die linke tut. Ist ja auch dann bald abgetreten.

5. Die Bonner am Wochenende

Freitag war Badetag. Das Wasser lief ein, nicht so viel, Horst! Als Erster stieg unser Vater in die sparsam gefüllte Wanne, schloss die Badezimmertür und verriegelte sie sorgfältig. Wir Kinder deckten den Abendbrottisch, weil unsere Mutter nervös war, Brot, Butter, Wurst, Brot, Butter, Käse. Dann war unsere Mutter dran, schloss die Badezimmertür, aber verriegelte sie nicht – und danach wurden wir Kinder in die Wanne gesetzt. Dort schwammen inzwischen im halbtrüben lauwarmen Wasser Haare, kleine Fettaugen, Schlieren. Wir Kinder ekelten uns zu Tode. Half aber nichts. Viele Negerkinder wären froh, wenn sie freitags warm baden dürften. Dat Klärchen? Nein, die Negerkinder im Kraal. Runter mit den Köpfen unter Wasser, Haare ausspülen, raus aus der Wanne, Nachthemden an. Dann wurde die gesamte Wäsche der ganzen Familie in das schmutzige Badewasser geworfen und mit einem Riesenstampfer eingeweicht und gewaschen und am Samstag schnell aufgehängt, die Wäsche musste vor Sonntag rein. Am Sonntag darf keine Wäsche auf der Leine hängen, denn das ist der Tag des Herrn. Was für ein Herr? Der liebe Herrgott. Und der hat einen ganzen Tag für sich? Ja, steht schon in der Bibel.

„Himmelherrgottsakramien", fluchte unsere Mutter, „wann soll ich das denn machen als berufstätige Frau mit drei Kindern? Bigotte Biester."

Man durfte auch nicht bügeln, Blockflöte üben, das musste man allerdings alle anderen Tage, weil ja Musik die Intelligenz fördert und die Kinder nicht auf der Strasse rumlungern, nicht, absolut nicht Auto waschen, Teppich klopfen, nähen, einmachen, hämmern, nicht Schlagermusik hören, dagegen aber die schönen alten deutschen Volkslieder singen, niemals Haare waschen, aber das hatte man ja ohnehin schon am Freitagabend gemacht, alle, außer die „Wechselbälger" vom Römerschlösschen, die badeten nie, nicht Teppiche aus dem Fenster ausschütteln, ins Kino gehen, tanzen gehen, ins Römerbad gehen, nur spazieren auf der Rheinpromenade mit schönen Kleidern und Hut war erlaubt.

Freitag Abend im Wohnzimmer Abendessen und dazu ein Kulturprogramm, „Schöne Stimmen, schöne Weisen", der Vogelfänger bin ich ja, holdes Mädchen hör mein Leiden, das ist die kleine Nachtmusik, düdeldüdeldüttdidi, pampampampampam. Unsere Mutter sang alles mit, unser Vater hörte schweigend zu oder weg, und wir durften nichts sagen. Kinder sprechen nicht bei Tisch. Und stehen erst auf, wenn alle fertig sind, düdeldüdeldüttdidi pampampampampam. Leg' die Ellenbogen an, willst du später einen Akademiker damit in die Rippen stoßen? Man lädt erst wieder auf die Gabel, wenn der Mund leer ist, sonst sieht man so gefräßig aus. Und wir essen alles, was auf den Tisch kommt! Es wird nicht gemäkelt.

Freitag war auch Fischtag, weil unser lieber Herrgott da ans Kreuz geschlagen worden ist. Sagten alle, bis auf unsere Mutter. Alle im Rheinland aßen am Freitag Fisch, nur unsere Mutter nicht. Sie mochte keinen Fisch – mit oder ohne den lieben Herrgott. Wir Kinder fanden das schrecklich. Warum aß sie nicht Fisch, wie alle anderen auch?
„Ihr evangelischen Christen, habt ihr wieder Fleisch gegessen, wo doch unser lieber Herrgott ans Kreuz geschlagen worden ist?", die Kinder vom Römerschlösschen waren gnadenlos.
„Unsere Mutter hat gesagt, dass Eure Mutter keinen Fisch gegessen hat."
Also wurden Fische erfunden, Heringe mit Pellkartoffeln. Wat, dat is ja en Arme-lüks-essen. Rollmops mit Salzkartoffeln. Dat is doch kein Fischgericht. Aal. Dat essen wir nur an Weihnachten. Man musste es bis zum nächsten Morgen

auswendig lernen und ungefragt den Kindern in der Schule sagen. Wir gingen am Fischgeschäft vorbei und lernten Fischnamen, Dorsch, Rotbarsch, Haifisch, „ich lach mich kapott, wo hat ihr denn Haifisch jekricht?"

Samstags musste die Treppe geputzt werden. Unsere Mutter war nervös und legte sich aufs Sofa, unser Vater putzte die Treppe.

„Dat jit et doch nich, liech dat Aal opm Sofa und lässt der arme Mann die Treppe putzen", die Nachbarinnen waren empört.

„Dat macht dat nur, weil et in Paris war. Möchte zu jerne wissen, wat dat da jeliert hat", denkt die Frau Böhm laut, „und de arme Keerl."

Und dann der Sonntag, der verhassteste Tag in der Woche. Dass „ein schönes Familienleben" durchaus auch negativ belegt sein kann, machten die zwangsweisen Spaziergänge klar. Auf den Befehl „anziehen und los" gingen wir zu fünft, Eltern voraus, drei Töchter finster hinterher stapfend, exakt denselben Weg entlang. Feine Sonntagskleider, alle drei gleich angezogen, von einer Schneiderin mit großer Hingabe genäht. Vater im Mantel und Hut, Mutter im Schneiderkostüm, das vom Bundeskanzleramt. Ab an die Rheinpromenade, lauft nicht Kinder, kommt zu uns. Gib mir die Hand und du gibst dem Vati die Hand. Da kommen die Peters, Horst, guck weg, die grüßen wir nicht! Dann der Herr Vizepräsident vom Finanzamt, Kinder grüßt anständig, Hut unseres Vaters ging hoch. Und da kommt Bundesbruder Nussbaum, Kinder gebt das schöne Händchen und macht einen Knicks, Vaters Hut hoch, man blieb einen Augenblick stehen, Kinder knicksten, gaben das schöne Händchen. Ach, was seid ihr groß geworden, Heide und Bärbel sehen ja süß aus; das Dörle hat aber schöne lange Wimpern, ist eher was für den zweiten Blick. Und weiter ging's. Guck dir mal die Donnerbalken an, die die Frau Böhme sich über die Augen gemalt hat. Ordinär sieht das aus, die landet bestimmt mal in der Gosse. Und schau mal die Frau Korte, die ist ja verboten angezogen, wie ein Flintenweib, und dat Roswitha wird auch immer fetter.

„De Ring erraff de Ring errop nur Sonnensching", sang unsere Mutter, „Schang, de Sonn sching schon schön, warum seid ihr bloß so muffig?"

Wir wollten ins Römerbad wie alle Kinder, aber das durften wir nie sonntags, das war eine Beschäftigung für wochentags, das taten nur Proleten sonntags. Macht euch nicht schmutzig und Heide, pass auf deine Schuhe auf! Kinder grüßt anständig, das ist ein Bundesbruder vom Vati. Aber dem gaben wir nicht das schöne Händchen, grüßten nur anständig, Vaters Hut hoch, Kopf leicht gesenkt und auf dem Rückweg bei der Tante Liss vorbei, vielleicht hatte die noch ein paar Teilchen übrig vom Verkauf, schließlich ist das Dörle ja ihr Patenkind.

Wir kehrten selten ein, seit unsere Mutter das „Café Steinhardt" erfunden hatte – da ist es so gemütlich. Zu Hause, Kinder deckt schon mal den Tisch, und Heide, setz den Kaffee auf. Ich bin so nervös und leg mich einen Augenblick aufs Sofa. Und nach dem Kaffeetrinken, Canasta, Canasta, Canasta ohne Ende. Ihr wollt doch noch eine Runde! Keiner wagte nein zu sagen. Und noch eine Runde und Revanche, wann hört das auf, wir wechseln jetzt mal die Parteien. Bärbel du spielst mit dem Vati, jetzt aber Revanche. Warum seid ihr nur so muffig? Viele Kinder wären froh, wenn sich ihre Eltern so um sie kümmern würden, zum Beispiel die Kinder vom Römerschlösschen. Aber diese fiesen Biester kümmern sich ja nicht, lassen die Blagen regelrecht verlottern – und jetzt noch eine Runde Revanche. Wird Zeit, dass wir hier

wegziehen und dem ganzen Schmutz von der Strasse entkommen.

Erst Jahre später war immer eine von uns clever genug,
rechtzeitig, also weder zu früh noch zu spät, die Haare zu
waschen (nasser Kopf spaziert nicht gern!) oder massive
Hausaufgaben vorzutäuschen.

6. Bonner Narren

Jedes Jahr am 11.11. um 11 Uhr 11 veränderte sich das Leben
in Bonn, veränderten sich Laune und Gesichtsausdruck unserer Mutter, kurz unterbrochen durch heilig Weihnachten,
dann mit voller Kraft.

„Denn einmal nur im Jahr ist Karneval, ist Karneval am
Rhein", sang unsere Mutter und „Heidewitzka, Herr Kapitän
und Bönnsche Mädche können bützen."
Sie strahlte, lächelte, schunkelte.
„Was ist denn schunkeln?", fragte unser Vater, der Nicht-
Rheinländer.
„Man hakt sich ein, singt und schaukelt hin und her, von
rechts nach links und von links nach rechts, eingehakt."
Der Karneval in Bonn ist der einzig echte, der richtige Karneval! Köln ist zu proletenhaft, Düsseldorf zu fein und Aachen noch feiner. So was gibt's nur in Bonn, die anderen
können alle nicht Karneval feiern. Stell dir das nur mal in
Hamburg vor, die sind so s-tock s-teif, mit denen kann man
überhaupt nicht warm werden. Ziehen sich eine Pappnase an
und denken, sie sind lustig.
Die Bonner, jedenfalls die echten, hatten Karnevalskostüme
und Büttenreden. Da könnt' ich mich kaputtlachen, sagte
unsere Mutter, da nehmen sie die Regierung so richtig auf
die Schippe. Sitzt vor dem Radio und hört sich Büttenreden

an. Oh, diese rheinische Frohnatur, oh, wie lustig, schlägt sich auf die Schenkel. Was sagt er, wollte unser Vater wissen. Kann man nicht übersetzen, dat ist rheinischer Humor.

„Sind mit dem Bonne Männe Jesangve-ein nach Oberwinte-jefahren, haben de Liede-büche ve-jessen." Die Rheinländer können kein R, und ham sich auf die Esele jesetzt und sind auf dem Drachefels. Was ist daran so lustig, wollte unser Vater wissen? Dat verstehst du nich, Horst, dat versteht man nur, wenn man aus Bonn ist. Könnte ich nicht drüber lachen, sagte unser Vater. Brauchste auch nicht, dat is nur für Rheinländer, dat is Humor, nur für Eingeweihte, dat sind die heiligen Weihen, muss man mit der Muttermilch einsaugen. Wie wahr!

Soll ich dir mal einen Witz erzählen, aus Bonn? Sagt der Student zu dem Mädchen.
„Liebste, Zephir spielt mit deinen Locken."
„Wat? Donn mir dat widerlich Tier uss de Haar!"
So was kann man nicht auf hochdeutsch erzählen. Wieso denn nicht? Weil dann der Witz weg ist. Und auf Bönnsch ist das lustig. Das hörst du doch!
„Also, da sagt der Student zu seiner Freundin", beginnt unsere Mutter.
„Zephir spielt mit deinem Haar", hilft Tante Liss weiter. Und der Onkel Schang:
„Nimm das ekelhafte Tier aus meinem Haar."
„Könnt ich nicht drüber lachen", unser Vater.
„Hab ich doch gesagt, das ist nur was für Rheinländer. Die anderen haben einfach nicht unseren Humor!"

Die Bonner hatten auch Stadtsoldaten für Stippeföttchen, das müssen wir uns angucken auf dem Markt Kinder, Kara-mellen, Schlangen, Konfetti, flache Flaschen mit Schnaps, falls es beim Umzug kalt war, Karnevalszüge (de Zoch kütt),

Veedelszöch, Prunksitzungen mit Tanzemariechen. Unser Karolin war auch ein Tanzemariechen, bevor der Benni ihr dat Kind angedreht hat, dann wars damit vorbei, dann wurde sie immer fetter, da hätt' der Benni lieber dat Mädchen aus Graurheindorf heiraten sollen.

Am schönsten war Weiberfastnacht.

„Da haben endlich die Frauen das Sagen", Sophia kämpferisch, „übernehmen das Rathaus, und der Bürgermeister gibt den Schlüssel ab an die Weiber, und die schneiden allen Männern die Schlipse ab."

„Warum das denn?", fragt unser Vater, verblüfft.

„Das haben wir schon immer so gemacht und das ist symbolisch, wir schneiden was ganz anderes ab."

„Was denn?"

„Ach, da verstehst du nichts von."

Ging mit der Schere ins Bundeskanzleramt und schnitt den völlig geschockten Beamten aus Hannover und Bremen die Schlipse ab.

„Ich mache Sie regresspflichtig!", rief einer hinter ihr her, „reg dich ab, Jüngelchen, denn einmal nur im Jahr ist Karneval, ist Karneval am Rhein"!

Die sind ja schrecklich, die Rheinländer, sagten die Beamten aus Kiel und Berlin, nächstes Jahr bleibe ich Weiberfastnacht zu Hause. Hab doch keine Lust, jedes Jahr den verrückten Weibern einen Schlips zu opfern. Die sind ja schrecklich, die Beamten, sagte unsere Mutter, das lohnt sich nicht nächstes Jahr, die lachen ja gar nicht und verstehen keinen Spaß. Völlig humorlos.

Im Karneval war alles erlaubt. Alles.

„Alles?", fragt unser Vater.

„Alles", ihre Erwiderung.

„Sophie, du meinst doch nicht...?"

„Doch, alles, deshalb gibt es neun Monate später auch so viele Kinder."

Auf der Strasse durften die Weiber Polizisten küssen, komm her, Herr Schutzmann, ich will dich bützen.

„Den kennst du doch gar nicht", unser Vater entgeistert, „du küsst einen wildfremden Mann, noch dazu einen Beamten mitten auf der Strasse?"

„Dat tun alle, dat ist Karneval, sei nicht so humorlos, das ist lustig."

Fand er gar nicht. Die waren sowieso so unzuverlässig. Wenn ich zu jemand sage, komm doch mal vorbei, dann meine ich das. Wenn ein Rheinländer sagt, komm doch mal vorbei, dann steht er da wie ein begossener Pudel, wenn du kommst und fragt, wat willst Du denn?

Wir haben eben viel von den Franzosen, erwiderte unsere Mutter. Wir im Rheinland wollen einfach nett sein, charmant. Das ist nicht nett, das ist grob unhöflich, sagte unser Vater, darüber könnte ich einfach nicht lachen. Und immer versprechen die, ich helf dir, Horst, aber dann hat nie jemand Zeit. Unhöflich, nein, unredlich, Blender, sag ich.

„Zieh dir doch ein schönes Kostüm an!", wurde unser armer Vater aufgefordert, aber nicht als Seeräuber, „und steh nicht so steif herum, wie das hölzerne Bengelchen."

Was anziehen, wenn man ernst ist und nicht Rheinländer und noch nie Karneval gefeiert hat und es auch gar nicht will? Alle feiern Karneval, das haben wir sogar im Krieg gemacht, das konnten die Biester von Engländern uns nicht nehmen. Also such dir jetzt mal ein schönes Kostüm, aber nicht Seeräuber. Sie machte sich fein als Spanierin oder als Marketenderin, Bluse, Tuch um die Schultern, weiter Rock und fertig. Keine Umstände, vor allem nicht teuer, aber richtig witzig. Er stand da, steif, unglücklich. Los Horst, beeil dich doch ein bisschen, wir wollen los. Sie, die nie ausging, kam jetzt nicht schnell genug weg. Ich sag nur noch dem

Großvater Klein unten Bescheid, dass er auf die Kinder aufpassen soll, das tut der gerne, der feiert sowieso nicht Karneval, ist ja aus Schlesien und nicht katholisch.

Karnevalsball. Sie lässt ihn an der Tür stehen, stürzt sich ins
Getöse. Er hat sich doch als Seeräuber verkleidet, wie alle
Männer, ein Auge mit schwarzem Flecken zugedeckt, Tuch
um den Kopf, steht da unglücklich herum und sieht seine
Frau den ganzen Abend nur noch selten und aus der Ferne,
„Heidewitzka", wildfremde Männer küssend, „es war einmal
ene treue Husar", tanzend, schunkelnd.
„Wer soll das bezahlen, wer hat so viel Pinke Pinke, wer hat
so viel Geld?"

„Das war doch richtig schön, gestern", sagt sie am nächsten
Tag in das versteinerte Gesicht unseres Vaters, „so gut habe
ich mich lange nicht amüsiert, das können nur die Bonner.
Und heute Abend geht's wieder los. Zum ‚Bonner Eck', da ist
es besonders toll, da kann man so schön schwofen."
Er ist beleidigt, weigert sich mitzukommen.
„Dann gehe ich eben alleine, ich verdiene ja auch alleine das
Geld."
Das sitzt, sie hatte seinen wunden Punkt erwischt.
„Wie kann man nur so hölzern sein, amüsier dich doch."
„Ich will mich nicht mit fremden Frauen amüsieren, ich
mache am liebsten alles mit dir."
„Ich könnt mich beömmeln, doch nicht im Karneval. Da
geht man nicht paarweise, da kann man sich ja nicht amüsie-
ren."

Und weiter ging's, den nächsten Abend und dann den und
dann den. Und immer stand er da rum wie das hölzerne
Bengelchen und war unglücklich und eifersüchtig und
verstand die Welt nicht mehr. Und dann der Karnevalszug,
den müssen wir uns angucken. Warum denn? Das ist immer

so schön, endlich haben wir wieder einen und der Prinz Karneval und die Prinzessin sind auch dabei und die schmeißen Karamellen von den Wagen. Der Zuch kütt, welche Freude, er kütt, endlich, nachdem die Engländer, die Biester, das so viele Jahre verhindert hatten.

Alaaf, helau, Bönnsche Mädche können bützen, warum ist es am Rhein so schön, am Rhein so schön, kornblumenblau sind die Augen der Frauen beim Weine, du kannst nicht treu sein, nein nein, das kannst du nicht. Bonn alaaf, fangt die Karamellen, Kinder, dieses Jahr schmeißen sie sogar Apfelsinen und kleine Tafeln Schokolade, am Rhein so schön, es war einmal ein treuer Husar, komm mal her Herr Schutzmann, kriegst e Bützche. Guck mal die schönen Funkenmariechen, dass die nicht frieren mit ihren kurzen Röckelchen. Dat is dat Elsbeth von dem Meier, viel zu fett für en Funkenmariechen.

Am Aschermittwoch krochen alle, Köpfe tief gesenkt, ganz früh zur Frühmesse, um 6 Uhr, in die Josefskirche – man wollte ja nicht Nachbarn treffen. Hat Ihr jet zu beichten, Frau – und kamen mit einem Aschenkreuz auf der Stirn zurück. Der liebe Herrgott hat mir vergeben. Und abends ging's ab zum Kellnerball, bitte nicht noch einer, doch Horst, das gibt's nur einmal im Jahr. Und steh nicht wieder so steif rum, das ist doch lustig. Und nächstes Jahr musst du dich ein bisschen mehr anstrengen und richtig amüsieren.

7. Die Geldmacher

Natürlich hatten wir kein Geld. Obwohl unsere Mutter Bonnerin war, kamen wir „von drüben", waren Flüchtlinge und eher unbeliebt bei den Bonnern, die noch einmal glimpflich davon gekommen waren. Evangelische Christen, riefen die „Wechselbälger" hinter uns her, arme Flüchtlinge. Unser Vater war verletzt über diesen Empfang. Ich kann doch auch nichts dafür, was wollen die denn von mir? Die, die viel gerettet hatten, mussten nun mit den Flüchtlingen teilen und wer gibt schon gern freiwillig was ab? Raffgieriges Volk, schimpfte unsere Mutter, könne den Hals nicht voll kriegen, was soll ich denn meinen Kindern zu essen geben?

„Die Biester haben uns unsere Jugend gestohlen und zum Dank haben wir jetzt nichts zu essen."
„Welche Biester?"
„Na, die Nazis."
Die hatten unseren Eltern ihre Jugend gestohlen und deshalb hatten wir nun Anspruch auf Wiedergutmachung. Wieso sollen wir das denn den Siegern schicken? Die haben doch schon gesiegt und alles geplündert. Ist ja nichts mehr da. Und alles zerbombt. So arm wie man ist. Guck dir doch bloß die Pänz an, Haut und Knochen

Es gab Essensmarken, viel zu wenig, wir verhungern ja. Die Biester von Engländern, wollen alles für ihre Brut, und Lebertran vom Roten Kreuz, eine Riesenflasche mit einer stinkenden Flüssigkeit, zähflüssig, die man noch Stunden später wie einen Kloß im Hals spürte. Beide Eltern, ausnahmsweise mal einer Meinung, kannten hierbei keine Gnade: Unsere Münder wurden aufgezwungen, ein Riesenlöffel 'reingefahren und schluck, los schluck doch, du willst doch nicht verhungern? Lebertran ist gut für Kinder!

Und wie oft soll ich euch noch sagen, dass ihr das Licht hinter euch ausmachen sollt, wenn ihr das Zimmer verlasst, Himmelherrgottsakramien! Aus Schweden kamen Carepakete mit getrockneter Milch. Wie kann man denn Milch trocknen? Und aus Australien Büchsen mit Kängurufleisch, manchmal, nach dem langen Transport, matschig mit lebenden Maden. Der Hasenfuß hatte Angst vor diesem Gewimmel, weinte und ekelte sich zu Tode und aß nicht mehr. Und Pferdefleisch spendete ein anderes Land, faserig und eckig, pfui Deibl. Jetzt weinten alle drei Kinder und wehrten sich. Es wird nicht gemäkelt, esst, Kinder!

Die Bonner mussten auch Wohnraum teilen und mit evangelischen Christen unter einem Dach, in derselben Wohnung leben. Dat is furchbar, ich sach et Euch, Frau. Und wer wie wir eine Wohnung zugewiesen bekam, hatte bald schon Zwangseinquartierungen von Leuten, die noch weniger hatten. Man ist ja eingepfercht wie im Zoo, meckerte unsere Mutter, ich will den fiesen Möpp nicht in der Wohnung haben. Der nimmt sicher von unserem Essen. Sprach's und versteckte die wenigen Lebensmittel im Schlafzimmer, da kommt mir das fiese Biest nicht rein.

Unser Vater, Studium abgebrochen durch den Krieg und zu wenig Praktischem fähig, verlor mehr Geld als Handelsvertreter als er verdiente. Unsere Mutter, als Einheimische, fand bald eine Stelle im Bundeskanzleramt und verdiente den Familienunterhalt, 600 Mark netto: 140 davon für die Miete, 20 für die Stadtwerke, 50 für die Krankenkasse, 350 Haushalt, 10 Mark Taschengeld für Horst, 10 für Sophia, direkt ausgezahlt, alles sorgfältig am Monatsende in Kuverts abgezählt und hinterm Klappbett versteckt. Und 20 Mark sparen wir wieder jeden Monat für später. Geld für Kleidung gab es kaum.

Die meisten Kleider für uns Kinder kamen von Tante Irene und Onkel Paul aus Hildesheim. Die hatten vier Kinder; er war Arzt und konnte seinen Kindern neue Kleider kaufen oder nähen lassen.

„Die laufen immer chic und elegant rum, das sollte mir mal passieren", seufzte unsere Mutter neidisch. Ihr Mann hatte ja nichts auf die Beine gestellt und so mussten wir in den abgetragenen Kleidern der reichen Verwandten rumlaufen, „die armen Pänz."

Von Hildesheim wurden die abgetragenen Kleider auch nach Stuttgart geschickt, zu Onkel Walli, der drei Kinder hatte und als Beamter gut verdiente. Und schämt sich nicht, die abgetragenen Kleider aus Hildesheim anzunehmen, statt sie gleich zu uns weiterzuleiten. Alle vom Stamme Nimm! Und wenn die Kinder in Hildesheim dann lange genug in ihren Kleidern 'rumgelaufen waren, kamen sie endlich zu uns. Wir sahen eher grotesk darin aus, schließlich waren einige dieser Kinder Jungens – und man kann doch die armen Pänz nicht in Jungenskleider rausschicken, was sollen denn die Nachbarn denken? Das sieht einfach verboten aus.

Die Kinder aus dem Römerschlösschen rannten johlend hinter uns her. Wie seht ihr denn widder uss, ich könnt mich kapottlache, Armelück. Grün und blau putzt die Sau! Die hatten sonntags nur die feinsten Kleider an, unser Marlene sieht aus wie ne echte Prinzessin, komm mal bei mich, ming Levche, dat ich dir die Schleife neu binden tu. Alles geklaut, kommentierte unsere Mutter, woher sollten die sich denn neue Kleider leisten können? Und dat Ada sollte so was überhaupt nicht tragen, sieht ja unmöglich aus in den Kleidern, verboten.

Vom Onkel Fritz kam gar nichts.
„Der soll sich nicht so aufplustern, läuft nackt durch Siegburg."
„Sophie!"

Nackt wie dat Gisel, nur mit einem Pelzmantel drüber? Warum denn das? War der auch arm und wartete auf Kleiderpakete aus Stuttgart?

Der Onkel Fritz wollte uns immerhin das Schwimmen beibringen.
„Kann ich mir nix von kaufen", so unsere Mutter
„Der hat doch keine Kinder und könnte uns ruhig was abgeben."
„Wenn du nicht so frech zu dem wärst, Sophie, würde der den Kindern sicher mal was schenken."
Ausnahmsweise verteidigt Tante Liss mal ihren Schwager.
„Ich frech zu dem? Soll ich den anbetteln, wo der doch so jähzornig ist und immer das Gretchen schlägt?"
„Jetzt übertreibst du aber, Sophie, doch nicht immer."

Der Onkel Schang bot uns alte Teilchen und Brötchen an, „und dabei ist der der Patenonkel vom Dörle, kniestiges Minsch."
Vom Onkel Rubs in Stuttgart kam nichts, obwohl die Martha doch die Patentante von der Bärbel ist.
„Knickeriges Pack!", empörte sich unsere Mutter.
„Richtige Mömmessefresser, fressen das Schwarze unter den Nägeln, so geizig sind die!"
Nur eine Einladung fürs Patenkind, nach Stuttgart zu Besuch zu kommen, wo die doch ganz genau wissen, dass wir das Geld für die Bahn nicht haben, scheinheilige Biester die. Und die Reichsverdunkler, die sich im Krieg mit Verdunklungsanlagen dumm und dämlich verdient hatten, sprachen nicht einmal mit uns, wollten von der puckeligen Verwandtschaft nichts mehr wissen. Aber wir haben doch keine Puckel, Mutti. Das ist nur eine Redensart, wie „Klotz am Bein" für die Pänz.
Von der Kirche war auch nichts zu erwarten, weil wir ja nicht katholisch waren. „So sind sie, sprechen immer von

Nächstenliebe und geben uns keinen Pfennig. Dabei ist der Opferstock immer voll. Aber nach Afrika schicken, zu den Missionskindern, dat machen die!"

Die amerikanische Hure, die beim Fräulein Eule eingezogen war, während einer ihrer Aufenthalte in der Irrenanstalt, schrill angezogen, bunt bemalt, freundlich, strickte am Sonntags Söckchen für Barbara, die jüngste Schwester.
„Ein paar Söckchen, ein Paar hat dat geschafft, ist ja anderweitig gut im Geschäft", unsere Mutter.
„Jetzt ist der Schmutz der Strasse in unser Haus eingezogen", unser entsetzter Vater.
„Man kann sich ja gegen nichts mehr wehren. Wir müssen hier 'raus."

Jetzt sollte also wieder Geld verdient werden. Schnell und viel. So viel wie der Onkel Heiner, der mit Schiebermütze auf dem Obstgroßmarkt stand und angedetschte Äpfel und Birnen verkaufte.

„Ein Gauner, sag ich euch. Wenn der mit dem Zeigefinger an die Stirn tippt und die Mütze in den Nacken schiebt, beschuppst der."
Der stand auf dem Großmarkt, in aller Herrgottsfrühe, „damit in der Dunkelheit keiner sehen kann, wie der betuppt", verkaufte seine angedetschten Früchte und hatte schon bald einen großen Autosalong in der Innenstadt.
„Hat der alles vom Schwarzmarkt. Ist mehrfach erwischt worden, geschieht ihm Recht, wollte mit der heißen Nadel nähen und das große Geld machen – Autosalong", höhnte unsere Mutter.
„Dass ich nicht lache. Das heißt Autogeschäft. Aber der Heiner ist ja jetzt was Besseres."

Der fuhr einen großen Wagen und spielte bald den Prinz Karneval.

„Hat wohl Geld zuviel, könnte uns ja was abgeben, schließlich war ich mit dem auf derselben Schule."

Sollte man es so wie der Heiner machen? Oder mindestens versuchen?

„Mach dich doch selbständig wie der Heiner, der verdient sich doch dumm und dusselig."

„Niemals," sagte unser Vater, „betrügen? Nicht mit mir!"

„Dann mach doch wenigstens mit meinem Vater ein Steuerberaterbüro auf, der hat noch die Stammkunden von Faber-Castell und hier gibt es so viele Geschäfte, da machst du die Steuererklärung und die Buchführung und der Vater und ich helfen dir. Oder mach eine Hundezucht auf wie die Böhmes von nebenan, die gehen immer gut weg, die Tiere."

Wollte er auch nicht.

„Das Risiko ist mir zu groß, sieh doch nur, wie die Liss und der Schang rumkrebsen, arbeiten von morgens bis abends und kommen auf keinen grünen Zweig."

Er wollte Sicherheit und eine Stelle, wo er seine Redlichkeit und seinen Fleiß unter Beweis stellen konnte. Also wurde er Beamter und die Nachbarschaft erstarrte vor Neid und Bewunderung. Der erste Beamte in unserem Haus! Und noch dazu mit einer Bonnerin verheiratet. Welche Ehre! Von da ab grüßten sie untertänig.

„Guten Tach auch, Herr Dr. Steinhardt", und zeterten nicht mehr mit unserer Mutter. Was die sehr bedauerte.

8. Die Nordschüler

Die Nordschule hatte wieder aufgemacht, hatte aber viel zu wenig Platz. Also marschierten wir Kinder in der einen Woche morgens in die Schule, von acht Uhr bis zwölf, und in der nächsten Woche nachmittags, von zwölf bis vier Uhr. Natürlich durften wir nicht mit den Kindern aus dem Römerschlösschen gemeinsam gehen. Die gingen auf der rechten Straßenseite, wir auf der linken. Und weil wir nicht katholisch waren, durften die anderen Kinder der linken Straßenseite nicht mit uns gehen.

Wir drei Mädchen gingen also allein, ängstlich, man wusste nie, was die Kinder von drüben sich ausdachten. Steine schmeißen, eine Tracht Prügel, Beschimpfungen, ein Beinchen stellen. Die Kinder der linken Straßenseite riefen „evangelische Christen" hinter uns her. Wer nicht katholisch war, war automatisch ein evangelischer Christ, aber mehr wagten sie nicht, weil sie Angst vor unserer Mutter hatten. Die ihnen nur zu gern Bescheid gegeben hat. Und vor allem ihren Müttern.

Jedes Kind hatte einen kleinen Ranzen mit Schwämmchen und Schiefertafel und Griffel, nur nicht die Kinder vom Römerschlösschen. Jedes Kind sollte auch ein Pausenbrot dabei haben. In der Schule gab es Milch, aber die Kinder vom Römerschlösschen kauften.
„Kaufen, das ich nicht lache, klauen!",
Kauften Teilchen bei der Tante Liss und verhöhnten uns als arme Leute. Könnt ihr euch wieder nix kaufen, ihr armen evangelischen Christen, Flüchtlinge, Flüchtlinge, Flüchtlinge, Haifisch, ich lach mich kapott.

Eigentlich sollte die Lehrerin weder die Beschimpfungen noch die süßen Teilchen dulden, aber sie hatte Angst vor dem Römerschlösschen und sah nie etwas. Fräulein Jäger hatte einen riesigen Busen, was die frechen größeren Jungs zu bösen Wörtern inspirierte, die wir aber nicht verstanden.
„Dat is die Bezirksmolkerei, eines Tages fällt dat nach vorne über."

Bezirksmolkerei? Was konnte das schon wieder sein? Wir verstanden das überhaupt nicht, aber die frechen Jungens lachten ordinär und machten komische Bewegungen mit den Händen und warfen uns drohende Blicke zu.

„Wenn ihr dat Maul aufmacht und uns verpetzt, gibt's Haue!"

Fräulein Jäger errötete jedes Mal, wenn sie Lehrer Birnbaum auf dem Pausenhof oder auf dem Gang traf. Einen Tag war sie dann weg und kam wieder und sagte, dass sie jetzt Frau Birnbaum heißt. Lehrer Birnbaum hatte wohl viel zu essen, denn bald war sie fett und rund.

„Fett, dat hat ne Fußball verschluckt? Dat kriech en Kind, dafür hat dat doch jeheiratet, dat musste ja heiraten", wussten die größeren Jungens zu berichten. Und damit hörte auch Frau Birnbaums Laufbahn als Lehrerin auf – und Lehrer Birnbaum übernahm.

Fräulein Jäger errötete zwar beim Anblick von Lehrer Birnbaum, aber sonst war sie nicht so zimperlich. Sie liebte Zucht und Ordnung, ließ uns bei jeder Antwort aus dem Pult heraustreten, kontrollierte regelmäßig Ranzen und Pulte und besaß einen Rohrstock. Der fuhr gnadenlos auf uns herab, wenn wir nicht die richtige Antwort wussten.

„Der Drachenfels liegt nicht in der Eifel."

Wenn unser Pult nicht ordentlich genug war oder wir mal verstohlen aus dem Fenster schauten, holte sie schwungvoll aus und haute mit voller Kraft zu, am liebsten auf die Hände, die man dazu vor sich ausstrecken musste. Sie traf zielgenau auf die Fingergelenke und das tat so weh, dass selbst die frechen größeren Jungens Tränen in die Augen bekamen. Wir hatten so viel Angst vor ihr und ihrem Rohrstock, dass wir aus Angst brav wurden, brav und fleißig und strebsam. Und gottgefällig. Geliebt hat sie uns dafür nicht, schließlich waren wir ja Flüchtlingskinder und nicht katholisch. Aber geschlagen hat sie uns nicht mehr.

Der Rektor war anders und schlimmer. Ein fetter alter Mann mit einem teigigen bleichem Gesicht und Brille, todernstem Gesichtsausdruck, einem Gehrock. Und Rohrstock. Ihn fürchteten wir mehr als Fräulein Jäger und Lehrer Birnbaum zusammen.

„Das bigotte Mensch. Der war mal Jesuitenpater, hatte aber einen Klüngel mit einem Marienkind und jetzt malträtiert er die Kinder."
„Was ist ein Klüngel?"
„Das ist nichts für euch, macht eure Schularbeiten."
Unvermittelt kam er in die Klasse und verhörte die Kinder.
„Nun, ihr lieben Kinder, was habt ihr denn im Katechismus gelernt?"

Er ließ uns aus den Bänken treten, fragte, ob wir auch unseren lieben Herrn Jesus lieben und an seine Leiden denken und dem lieben Herrgott danken, dass wir lernen dürfen und unsere liebe Frau anflehen, uns rein zu bewahren. Aber das verstanden wir nicht, denn dafür hatten wir ja unsere Mutter, die sehr genau auf Reinhalten achtete. Zweimal am Tag musste man die Hände zeigen, von beiden Seiten, und wehe, die waren schwarz! Und freitags ab in die Badewanne, wie seht ihr bloß schon wieder aus!

Und wo Trier liegt, wollte der Rektor wissen. Drehte sich unvermittelt um und schoss auf ein verängstigtes Kind zu. Und ebenso unvermittelt schlug er zu, mitten ins Gesicht, aber nur die Jungens, die Mädchen auf den Rücken und die Schultern. Schläge haben noch keinem geschadet, ich bin auch gezüchtigt worden von meinem Vater, und aus mir ist auch was geworden und was ist das schon, verglichen mit den Qualen, die unser lieber Herr Jesus wegen eurer Sünden erdulden musste?

Das beste Kind saß in der ersten Reihe vorne links, das zweitbeste daneben, die schlechtesten Kinder hinten. Bei leichten Fragen über Unsere Liebe Frau fragte er die Kinder vorne. Bei schweren Fragen, wo der Rhein seine Quelle hat, fragte er die Kinder hinten. Den meisten Kindern hinten war es völlig egal, wo der Rhein seine Quelle hatte, die kamen wegen der Milch in die Schule. Aber seine Schläge fürchteten alle, und die frechen größeren Jungens zischten Obszönitäten hinter ihm her, wenn er endlich den Klassenraum verließ und machten Gesten, die wir Kinder aus den vorderen Reihen nicht verstanden. „Dreimal stievet Gedrisse!"
Der Unterricht begann mit einem Gebet. Dazu musste man die Hände katholisch (?) falten, mehrfach ein Kreuz schlagen und ein Ave Maria sprechen. Dann ein „lieber Gott, mach mich fromm, dass ich in den Himmel komm", dazu „gebenedeit seist du, Maria" und ein Lied singen, geh aus mein Herz. In der Ecke hing ein Kruzifix und Fräulein Jäger hatte heiliges Wasser. Wir Kinder mussten die Augen niederschlagen und auch mal knien. Wer fleißig war, kriegte ein Heiligenbild oder ein Engelbild. Davon hatte Fräulein Jäger viele und fast alle Kinder, auch die aus dem Römerschlösschen, waren stolz, wenn sie eins bekamen. Denn wer viele hatte, durfte an Fronleichnam im weißen Kleid oder schwarzen Anzug mit in der Prozession gehen und eine Kerze tragen. Und das in der Nähe der Trage, „dat is keine Trage, dat is der Schrein mit dem frohen Leichnam", oder Weihjunge werden. Was den Kindern aus dem Römerschlösschen nie gelang. Uns natürlich auch nicht, obwohl wir viele Heilige gesammelt hatten, wir waren ja nicht katholisch. Dabei wären doch so gerne im weißen Kleidchen mitgegangen.

„Kommt überhaupt nicht in Frage", beide Eltern einig, „was für ein Quatsch!"
Selbst die milde Tante Liss, die uns ab und zu ein Teilchen von gestern zusteckte, weigerte sich, Dodo ein weißes Kleidchen zu kaufen. Ebenso wie sie sich geweigert hatte, ihr das Negerpüppchen zu Weihnachten zu schenken.

Regelmäßig kam auch der Pfarrer aus der Josefskirche, uns anzuhalten, niemals in Wort, Taten oder Gedanken zu sündigen, aber abends zu unserem herzliebsten Herrn Jesus zu beten, vor jeder Mahlzeit das Brot zu brechen und unserem lieben Herrgott und unserer Lieben Frau für das reichhaltige Essen zu danken, das sie uns bescherten.

Was waren Sünden? In Wort? Waren das die schmutzigen Wörter, die unsere Mutter mit Seife auswusch? Und in Gedanken? Wie sündigt man in Gedanken? Die drei kleinen Mädchen wussten keine Antwort, beteten aber abends, zum Entsetzen der Mutter, laut in der Dunkelheit. Was war eine Sünde in der Tat? Nicht das Zimmer aufräumen? Mit dem Fuß aufstampfen? Dafür kriegten wir gleich eine Tachtel von unserer Mutter, das hatte wohl nichts mit unserem herzliebsten Herrn Jesus zu tun.

Und aus dem Agnesstift kamen die Nonnen zur Norderschule, wallende schwarze Schleier, schwarze Gewänder, am linken Ringfinger einen Goldreif.
„Die haben da überhaupt nichts verloren", schimpfte unsere Mutter.

Hatten sie doch. Die Schule war nämlich katholisch und hatte sich anfangs heftig geweigert, nicht katholische Kinder aufzunehmen. Musste sie dann aber, weil alle anderen Schulen entweder im Krieg zerstört worden waren oder zu weit weg lagen. Während Fräulein Jäger und Lehrer Birnbaum

Bibelkunde, das Leben Jesu und Katechismus unterrichteten, erzählten die Nonnen von den Freuden des Paradieses, wo sie in Seligkeit mit ihrem Bräutigam verheiratet würden, dereinst, und wo alle lieben Kinder unendliche Freuden und Glückseligkeiten als Belohnung erleben durften. Noch lieber aber schwelgten sie von der Hölle, in der ein so heißes Feuer loderte, dass man sofort, sofort bei lebendigem Leibe verbrannte, die Seele brutzelte, dahin schmolz, um für ihre Sünden zu büßen. Jede Sünde war ein schwarzer Punkt auf der weißen Seele und böse Kinder, Sünder, hatten rabenschwarze Seelen, da sah man überhaupt kein Weiß mehr. Und unser lieber Herrgott sieht alle Sünden, all dieses Schwarz, vor Gott könnt ihr euch nicht verstecken.
„Sieht der auch im Dunkeln?", fragte ein vorlautes Kind.
„Unser lieber Herrgott sieht immer und alles, selbst was ihr im Dunkeln unter der Bettdecke mit den Händen macht."

Die nicht ganz so verlorenen Seelen kamen ins Fegefeuer, das auch heiß loderte. Aber hier verbrannte man nicht ganz, sondern schmorte solange, bis die Sünden von der weißen Seele abgebrannt waren, Tausende von Jahren, Zehntausende, Unendlichkeiten. Bewacht vom Teufel, der ein riesiger Höllenhund war, schwarz wie die Sünde, mit gelb glühenden feurigen Augen, groß wie Wagenräder. Deshalb lohnte es sich immer, nicht in Wort, Tat oder Gedanken zu sündigen und ordentlich zur Nacht zu beten. Was meinten die Nonnen bloß? Und Geld für die Missionskinder in Afrika mitzubringen und Staniolpapier, das gefällt unserem lieben Herrgott, dass die armen Heidenkinder getauft werden.

Nicht nur Fräulein Jäger wollte, dass wir strebsam, fleißig und gottgefällig sind. Auch unsere Mutter wollte das, mit Ausnahme der Gottgefälligkeit, darauf legte sie keinen so großen Wert, lästerte nur und nannte die Nonnen schwarze Kakerlaken, die Priester warme Brüder und für den Papst hatte sie auch eine Beschreibung parat. Aber sonst trieb sie uns an zu lernen, Hausarbeiten zu machen, lesen zu üben, noch ein Blöckchen zu rechnen, zu singen, auswendig zu lernen. Sag das Gedicht noch mal auf, schließlich sollt ihr ja später auf die höhere Schule, und die kostet viel Geld. Und kein Burschenschafter heiratet ein Mädchen, das nicht auf der höheren Schule war. Die wollen höhere Töchter mit guten Manieren und Tischsitten. Deshalb musste man auch den ‚Vogelfänger‘ anhören und Beethovens Neunte, vor allem den letzten Satz, da konnte unsere Mutter so schön mitsingen.

„Nicht für die Schule, für das Leben lernen wir", so unser Vater.
„Dass ihr mir ja die Schularbeiten machst, sonst könnt ihr was erleben", unsere Mutter.
„Aber Dodo ist ja so spiddelig, Sophie, die kann nicht immer lernen", warf die mitleidige Tante Liss ein.
„Halt‘ du dich da raus, Elisabeth, wenn euer Benni schon doof ist und nicht die höhere Schule geschafft hat, müssen meine Kinder das noch lange nicht genauso machen. Hier wird gelernt und zwar solange, bis das sitzt!"
„Sophie!"

Handarbeiten, nur für Mädchen. Die Jungens dürfen in eine Werkstatt im Keller der Schule. Die Mädchen erfahren nie so richtig, was die da machen, denn sie dürfen nicht dabei sein, mitmachen oder zuschauen. Sie haben Handarbeitsunterricht. Mit Fräulein Jäger. Und Fräulein Jäger hat Ideen. Wir müssen Kreuzstich lernen und Überwindlingsstich und Hohlsaum. Und Säume machen, weil ihr später mal Kinder habt. Alte Pullover, von Motten zerfressen, von Müttern geopfert, wurden wieder aufgeribbelt. Die Wolle, nass, um eine Flasche gedreht, ganz fest, dann wird sie glatt. Fräulein Jäger hat ein paar Stricklieseln, einige Kinder ihre eigenen.

Und wir stricken unermüdlich Wollwürste, die unten aus der Strickliesel rauswachsen. Werden nass gemacht und plattgedrückt mit Büchern oder anderen schweren Gegenständen. Und dann immer kreisförmig zu Lappen oder Untersetzern, rund, zusammengenäht. Lappen waren gut und nützlich, Lappen für Puppen, Lappen als Flicken, Topflappen. Als Weihnachtsgeschenke für unsere Mutter oder die Tante Liss. Oder zum Muttertag. Alle Mütter bekamen platt gedrückte Strickvürste zu Topflappen verarbeitet. Beim achten Kind war übrigens der Hitler Patenonkel, der hat die Mütter und den Muttertag so richtig zu Ehren gebracht. Ein Teil der Wollwürste geht auch an die Missionskinder, die Negerkinder im Kraal.

„Kokolores", wetterte unsere Mutter, „was sollen die denn im Busch mit Wolldeckchen? Da ist es doch viel zu heiß für Wolle."

Turnstunde. Diesmal alle zusammen, Jungens und Mädchen. Eigentlich ist es keine Tunstunde, es gibt ja keine Turnhalle. Und keine Turnbekleidung. Also führte Fräulein Jäger uns einmal in der Woche in Straßenkleidung auf den Schulhof, Völkerball spielen. Alle machten mit, die deutsche Jugend muss abgehärtet werden. Die beiden besten Kinder werden Führer ihrer Riege, Roswitha und Addi. Völkerball ist wie Krieg, Kinder, da gilt es, den Gegner auszumerzen. Und tapfer sein und Schmerzen aushalten.

Die anderen Kinder steh'n und warten, auserwählt zu werden.
„Ich nemm de Willi."
„Und ich dat Renate."
„Dann nemm ich de Klaus."
„Und ich de Peter."
„Ich de Franz."
„Komm rüwwer, Ella."

Am Schluss sind noch acht Kinder über.

„Ich nemm de vier linke."

„In Ordnung, dann nemm ich de Rest."

Dodo, der Hasenfuß, gehörte immer zu den letzten acht Kindern und weinte vor Angst vor diesen harten Bällen, mit Wucht in den Bauch geschleudert oder ins Gesicht, versteckte sich hintern den größeren Jungens oder drehte sich um. Am liebsten gleich einen Volltreffer auf den Rücken und sich abschießen lassen.

„Memme", schrieen die anderen Kinder.

„So ein Feigling", rügte Fräulein Jäger. Zur Strafe musste der Hasenfuß dann auf die Bank neben dem Spielplatz und zuschauen. Und am Schluss aufräumen, weil Fräulein Jäger die Feiglinge und die faulen Kinder mit Aufräumen bestrafte. Obwohl sie selber nie mitspielte, weil sie sicher so viel Angst vor den Bällen hatte wie der Hasenfuß.

9. Die Tante Liss

Tante Liss wollte immer sterben. Sie freute sich sogar darauf. Vielleicht, weil unsere Verwandten Leichenbestatter waren und ihr ein besonders schönes Leichenhemd und einen feinen Sarg versprochen hatten? Wie bei unserer Oma? Die war richtig fein gestorben, sagte Tante Liss. So ein schönes Leichenhemd, und die Sargausstaffierung hättet ihr erst mal sehen sollen. Weiß das Hemd und aus Seide und rote Seide für den Sarg innen. Die lag da so richtig elegant, für die E-wigkeit!

Die Tante Liss war immer etepetete, Spitzenblüschen, gebügelter Rock, steife kleine Löckchen, Brille mit Goldrand, weißer Kittel mit den oberen Knöpfen auf, damit man auch ja das Spitzenblüschen sah, dat is mer den Kunden ja wohl schuldig, immer adrett hinter ihrer Theke.

„Die Pumpe macht nicht mehr mit", sagte sie schon in jungen Jahren. Welche Pumpe? Na, ihr Herz. So jung? Da nimmt das Herz keine Rücksicht drauf, erzählt sie uns, besonders, wenn es so verbraucht ist wie meins. Verbrauchtes Herz? So jung und schon ein verbrauchtes Herz?

„Wenn ich einmal sterbe, wird das mein schönster Tag", die Tante Liss schwärmerisch. Immer wieder sagt sie das, besonders, wenn der Onkel Schang Geld verspielt hat. Und das tut er oft, beim Kartenspiel.

„Dat der dat nicht lassen kann", seufzte sie, „wir haben ja so wenig. Und an den Jung denkt der überhaupt nicht. Wenn ich einmal sterbe, wird das mein schönster Tag."

„Schöner als Kommelion und frohn Leichnam?", wollen wir Kinder wissen.

„Ja, viel schöner."

„Schöner als Namenstag und Geburtstag?"

„Ja, viel viel schöner", die Tante lässt sich nicht beirren.

„Warum denn?", die kleinen Mädchen neugierig.

„Weil ich dann die letzte Ölung kriege und zu meinem lieben Herrgott heimkehre."

Dodo wollte auch gerne sterben, damit unsere Mutter weinend am Totenbett steht. Und es sollte ihr Leid tun, dass sie ihr die Hucke voll gehauen hatte mit einem Teppichklopfer, damals, als sie mit den Jungens in den Keller gegangen war, weil die ihr was Schönes zeigen wollten. Leid sollte es ihr tun, und sie sollte einsehen, was für ein liebes Kind die Dodo war. Und leid sollte es auch der Tante Liss tun, weil die ihr das Negerpüppchen nicht geschenkt hatte.

„So ein Quatsch", sagte unsere Mutter, „dann bist du mausetot und liegst in dem schwarzen Loch und ärgerst dich halbtot."

Halbtot? Wir rätselten. Wie kann die Tante sich halbtot ärgern, wenn sie schon ganz tot ist?

„Und der Schang heiratet sofort wieder, der braucht doch eine Frau für den Laden. Und für den Jungen."

„Sophie!"

„Is doch wahr."

„Is nich wahr", entrüstet sich die Tante, „der Pfarrer von der Josefskirche hat gesagt, meine Sünden werden mir vergeben und der liebe Herrgott holt mich heim zu sich."

„Wat soll der denn mit dir, hat der ne Bäckerei?"

„Sophie!"

„Die Würmer fressen dich auf, das ist alles, wenn du es wissen willst."

Würmer? Igitt, wie eklig! Nur weil den Kortes ihr Wölfi für einen Groschen einen Regenwurm frisst, fressen dann die Würmer unsere Tante Liss?

„Aber Sophie, der Pfarrer von der Josefskirche hat gesagt"…

„Der lügt doch, wenn de dat Maul auftut."

„Sophie!"

„Wenn ich et dir sach, der verlaugene Hund."

„Sophia!"

„Du glaubst auch wirklich alles, was der dir sagt. Unbefleckte Empfängnis, ich lach mich kapott. Hast du schon mal nachgedacht, warum die Leute von einer Josefsehe reden?"

Was hatte der Adameks Jupp denn für eine Ehe? Warum redeten die Leute davon?

„Was ist denn mit dem Josef seine Ehe, Mutti?"

„Räumt jetzt euer Zimmer auf, Kinder!"

Und jetzt ist der Onkel Fritz gestorben.

„Einfach so, der fiese Keerl", sagt seine Frau, die Tante Ria und schickt den ältesten Jungen mit dem Fahrrad rum, es den Verwandten mitzuteilen. Der steht in unserem Flur, dreht die Mütze in den Händen und sagt „schönen Gruß von der Mutter und der Vatter wär tot."

„Einfach so gestorben?", wiederholt Tante Liss.
„Dat et dat jit!"
„Wieso einfach so", unsere Mutter, „man stirbt nicht einfach
so."
„Doch", der Junge besteht drauf, „das sagt die Ria."

Der Onkel war sicher erfroren, weil er doch immer nackt in
Siegburg spazieren ging. Hatte sich bestimmt erkältet und
war daran gestorben. Und hatte jetzt, endlich, seinen schönsten Tag. Beneidenswert!

Wir Kinder wollten unbedingt mit zur Beerdigung, den
schönsten Tag miterleben. Sicher gab es heißen Kakao, wie
bei der „Kummelion" von dem Lilli. Wir durften natürlich
nicht mit.
„Dafür seid ihr noch zu klein", die Eltern unerbittlich.
„Och doch, Mutti, bitte bitte, nehmt uns mit."
„Das ist zu ernst und nichts für Kinder", beide Eltern einig,
„und jetzt kein Widerwort mehr."

Wir mussten fein angezogen bei dem Großvater Klein warten, bis wir nach der Beerdigung mit der Straßenbahn nach
Siegburg fahren durften, ganz alleine.
„Heide, du passt mir auf die Kleinen auf, verstanden?"
Zum Fellversaufen. Fell versaufen? Hatten die eine Katze
oder ein Karnickel? Hatten die das geschlachtet? Wie ver-
säuft man ein Fell? Der Herr Schulte versoff seinen Lohn,
das wussten alle, Aber sein Fell?

Siegburg, „Päffke" Kölsch und warme Küche, an der Ecke.
Draußen stehen ein paar Männer und rauche Zigarren.
„Herzlichstes Beileid auch."
Der Schanksaal blau geraucht und schwarz vor Menschen.
Schwarz vor allem, weil alle rabenschwarz gekleidet waren,
wie die schwarzen Kakerlaken. Sahnetorten auf den Tischen,

„die haben sie nicht bei uns gekauft", so Tante Liss beleidigt, „war ihnen wohl nicht gut genug."

In der Mitte Tante Ria, „die Witwe", flüstert Tante Liss ehrfurchtsvoll, in schwarzen Taft gepfercht. Wo der Taft besonders spack saß, glänzte er besonders schön. Fast grün.
Eierlikör für die Frauen, Bier und Schnaps für die Männer, die schon nach kurzer Zeit die Jacketts auszogen, die Krawatte einrollten in die Jackentasche und die Hemdsärmel hoch rollten.
„Hemdsärmelig auf einer Beerdigung."
Unser Vater war geschockt.
Und tatsächlich Kakao für die Kinder.

Es wurde gelacht, gegrölt, Witze wurden erzählt.
„Zoten auf einen Beerdigung, unser Vater empört, „so was hab ich ja noch nie gesehen."
Und dann holte jemand das Schifferklavier vom Onkel Fritz raus, und es wurde getanzt. Tisch beiseite, pack doch mal an, Schang, Stühle an die Wand, und nimm dein Bier mit, Walter.
„Tanzen auf einer Beerdigung."
Unser Vater war jetzt ernsthaft verstört.
„Dat verstehst du nicht Horst, du biss ja nich katholisch. So feiern wir hier im Rheinland Trauerfeiern, dat jehört dazu", beruhigen ihn unsere Tanten.
„Kannst du auch Polka, Adi?"
„Spiel och mal 'ne Walzer."
Sie walzten, drehten, lachten.
„Oder 'ne Rheinländer, den kann ich so jut."
Alle, außer unserem Vater natürlich, Gesichter rot, schwitzend, singen mit.
„Und jetzt brauch ich e Bierche."
Sie klatschten im Takt dazu, schunkelten.
„Auf einer Beerdigung!", unser Vater entgeistert.

„Wat is et doch nich schön!", die Witwe ein übers andere Mal, „dat ich dat noch erleben darf."

Sie war auch die Begehrteste. Die Männer hatten wohl inzwischen bemerkt, dass der Taft besonders schön glänzt, wo er spack sitzt. Alle wollten mit ihr tanzen und einige den glänzenden Taft fühlen. Haben wir genau gesehen, und dann quiekt sie, lacht mit schräg gelegtem Kopf, der erste Blusenknopf offen, rot im Gesicht, verschwitzt. Tanzen tun die auch nicht mehr richtig, wackeln mehr von rechts nach links, im Takt. Die Männer ziehen sie ein bisschen näher und noch näher, uns kleinen Mädchen stockt der Atem. Sie flüstern der armen Witwe was ins Ohr und sie quietscht noch schriller. Und holt sich noch einen Eierlikör.
„So jung kommen wir nicht wieder zusammen."
Und tanzt und quiekt und quietscht und schwitzt und wird bedrohlich rot.

Das war schon wieder Betrug, dachten wir drei Schwestern auf dem Heimweg, genau wie bei dem Spätheimkehrer. Das war gar nicht dem Onkel Fritz sein schönster Tag, er war ja gar nicht erst erschienen! Das war der schönste Tag für seine Witwe, seine Söhne und seine Gäste. Hoffentlich hat die Tante Liss das auch gemerkt!

10. Das ominöse „dat"

„Dat" war verboten, spannend, widerlich, geheimnisvoll, Grund für gackerndes Gelächter, schlüpfrige Witze, rote, schwitzende Gesichter, Andeutungen, Angebote – aber alle machten es. Nur was?

Keine von uns hatte die geringste Ahnung, warum die Weiber die Röcke hoben und sich nach dem Hunger der Männer erkundigten, warum dat Blümchen weg war, warum die einen Fußball verschluckt hatte, warum der Kurt Kranzgeld bezahlen musste, warum die Frau Uhland sagte, ich schäme mich so, wo dat Philippa doch schon in der Lehre ist, warum die ins Heu gegangen sind, warum der Student, Gott sei Dank, vorher die Couleur gestrichen hat und warum dat Frollein Profittlich heiraten musste, „mit Vorliebe", schadenfrohes Gelächter. „Selber schuld, hätte ja aufpassen können." Auf was denn?

Und die Kirche hatte denen gegen eine Spende eine Sonderheiratsgenehmigung gegeben, obwohl doch Passionszeit war, und unser lieber Herrgott so leiden muss, und man nicht heiraten darf, wenn unser lieber Herrgott leidet. Aber sonst hätten die Leute das bald deutlich gesehen. Was nur?

Man tat es im Dunkeln, das stand fest. Und es musste immer ein Mann und eine Frau dabei sein. Warum dann aber das Heu? Und brachte nicht der Klapperstorch die kleinen Kinder? Aus dem Kinderbrunnen? Nein, wussten die Kinder auf der Strasse, du bist ja vielleicht doof, die müssen es machen. Und Gisels Mann hatte es in Köln mit einer Frisöse gemacht, aber die hatte kein Kind.

Sophia holte „Die Frau als Hausärztin" hervor und schlug zum Entsetzen der Schwägerin die entsprechenden Seiten auf. Tante Liss flüchtete in großer Würde, wollte den Onkel Schang holen, damit der noch das Schlimmste verhindern konnte. Aber das Schlimmste war schon geschehen.
Unsere Mutter zeigte uns Bohnen aller Größen, merkwürdig zusammengekrümmt, farbig.

„Hier ist es sechs Wochen alt, und hier drei Monate, bis dahin kann man es noch wegmachen (wohin?) und hier ist es neun Monate alt."

Frauenunterkörper quer durchgeschnitten, damit man das Innere sehen kann, und da kommt das Kind auf die Welt. Und die Gebärmutter stillt es und fährt es im Kinderwagen aus.

Jetzt wussten wir also, wie das Kind rauskommt und wo. Kein Klapperstorch, kein Kinderbrunnen. Aber wie ist es 'rein gekommen? Das war der Weihnachtsmann, sagte unsere Mutter. Der Weihnachtsmann bin ich, sagte unser Vater. „Horst!", sagte unsere Mutter mit leichter Drohung in der Stimme, aber sie kicherte. Sind alle Väter Weihnachtsmänner?

„Unser Roswitha ist ja noch so unschuldig, weiß von nichts", erzählte die brave Frau Böhm den Frauen im Kolonialwarenladen. Und dann fragte die unschuldige Roswitha vor allen Leuten:
„Mutter, wenn man Zwillinge will, muss man dat dann zweimal machen?"
Schadenfreude bei den Frauen, Schamesröte bei Frau Böhm, die hastig ihre Roswitha aus dem Laden zerrte. Die Frauen amüsierten sich.
„Hast du das gehört und ist noch so unschuldig, weiß von nichts."
Die Strasse aber wusste Rat. Einer machte obszöne Bewegungen, schmatzte und flüsterte der Angelika was ins Ohr.
„Karl-Otto, so wat tun meine Eltern nicht."
„Tun sie doch."
„Tun sie nicht."
„Wohl, haben sie sogar zweimal gemacht, weil du ja einen Bruder hast!"
Die Angelika läuft schluchzend nach Hause.
Unsere Eltern tun so was bestimmt nicht, aber dat Adele und dat Uhland Philippa tun das. Und alle im Römerschlösschen
– und davon kriegen sie dann Wechselbälger mit 15!

Und die Tante Liss. Rennt sonntags in die heilige Messe, chrisskatholisch, sagt unsere Mutter, und musste heiraten. Tante Liss musste heiraten, wieso denn? Wer hat sie denn gezwungen? Na, die Leut. Weil, die hatten ja ein Geschäft. Und dann kam der Benni schon nach sechseinhalb Monaten auf die Welt, und da hat sie allen ausrichten lassen, das war eine Frühgeburt. Aber ihre Schwester, dat Maria, ist gleich in die Frauenklinik und hat sich das Kind beguckt und dann berichtet, dat dat Kind schon janz feste Nägelchen hat und überhaupt nicht blau, also ist dat keine Frühjeburt. „Dat Elisabeth hat sich versündigt!"

Dat Maria hatte seine Tochter erst neun Monate nach der Hochzeit gekriegt und durfte mit Recht in der Kirche heiraten, aber nicht dat Elisabeth. Und sie hat geheult und immer wieder versichert, dat et nich jesündigt hat und dat dat wirklich eine Frühgeburt war. Und hat dem Jungen Pullöverchen und Handschuhe angezogen und eine dicke Decke draufgelegt, mitten im August, damit keiner ihn sehen konnte. Und dabei ist der Jung fast totgegangen, so hat sich dat jeschämt.

Und die schadenfrohen Frauen in der Nachbarschaft haben lange überlegt, ob man bei der noch einkaufen kann, wo dat sich doch versündigt hatte. Aber die Elisabeth hat dann dat Kind katholisch taufen lassen, und der Priester von der Josefskirche hat das für eine kleine Spende, „für unsere heilige Mutter Kirche", getan und dann war et auch jut.

Der Maria ihre Tochter Ursel hat es auch getan. Mit einem evangelischen Christen. Den wollte sie sogar heiraten und er sie auch.
„Stellt euch dat bloß mal vor, Frau. Dat Mensch will unser Ursel heiraten, ne evangelische Christ, isses nisch furrrchbar?"

Aber da haben die Eltern Gott sei Dank energisch protestiert. Wenn du den heiratest, kannst du gleich von hier fortziehen, da redet kein Mensch mehr mit dir, und wie sollen denn die Kinder getauft werden? Und enterbt wirst du auch.

Die Ursel war brav und hat ihren evangelischen Christen nicht geheiratet. Aber dann ist sie vor Kummer ganz fett geworden und konnte nicht mehr bei Kaufhof verkaufen. Und kam nicht mehr in ihr Zimmer im 1. Stock, konnte nicht mehr im Beerdigungsbüro des Vaters mitarbeiten, saß da und konnte überhaupt nicht mehr gehen, so fett war sie vor Kummer, und keiner wollte sie mehr heiraten.
„Wer heirat' auch die Tochter vom Totengräber?"
fragten die Frauen beim Frisör.
„Unsinn", sagte unsere Mutter.
„Dat Ursel ist einfach zu fett."
„Sophia!"

Als die Ursel dann an Liebeskummer gestorben ist (Tante Liss), an Herzverfettung (unsere Mutter), ganz jung mit 35 Jahren:
„Is en Sünd un en Schand", hatte das Beerdigungsbüro ihres Vaters nicht genügend schweres Gerät, um sie in den Sarg zu bugsieren. Starke Männer mussten her und die Leute vom Stiftsplatz standen draußen und guckten sich das Spektakel an. Die Männer drehten die Hüte in den Händen, die Frauen schlugen ein Kreuz, schüttelten die Köpfe und sagten, die hätten dat arme Mädchen 'mal seinen evangelischen Christen heiraten lassen sollen, dann wär et jetzt nicht tot.
„Me sin ja hük nit mehr so!"

Und bald danach hat der Benni einem Mädchen in Graurheindorf ein uneheliches Kind angedreht (angedreht?) und hat das arme Mädchen sitzen lassen und musste „Allemente" zahlen.

„Bis du denn total verdötscht", rief der Onkel Schang, der ganz vergessen hatte, dass er die Tante Liss hatte heiraten müssen, „wat haste dir denn dabei gedacht?"

Nicht viel, nehme ich an, spottete Sophia, hab noch nie gehört, dass man dabei (wobei?) denkt.

11. Dat Gisel

Der schöne Theo hatte es schwer. Er war einfach zu schön für eine Frau. Das sagte er jedenfalls und begründete damit seine zahllosen Ehebrüche.
„Der Alte ist schon wieder fremdgegangen.", sagte unsere Mutter verächtlich, „das könnte mir nicht passieren. Dem Horst würde Hören und Sehen vergehen."
Das glaubte unser Vater auch und war Zeit seines Lebens aus Angst vor seiner Frau brav. Der schöne Theo seufzte und sagte treuherzig, dass er einfach nicht nein sagen kann, wenn die Frauen ihm so zusetzen.

Dat Gisel war nicht so resolut und musste sich mit ansehen, wie ihr Mann von Frauen verfolgt wurde und immer wieder Weibergeschichten hatte. Sagten die Leute im Haus. Alle wussten es, er hatte es mit einer Verkäuferin von Woolworth gemacht (was?) und dann mit der Frau vom Kolonialwarenladen, „verheiratet, is et nich schlimm!"
Und mit einem Lehrmädchen. Und beim Karneval mit einer Unbekannten. Kam einfach nicht nach Hause, sondern trieb sich mit dem Minsch rum. Und auch mit der Frisöse aus Köln.
„Hat dat Gisel selber Schuld", wussten die Nachbarsfrauen.
„In einer guten Ehe geht man nicht fremd. Da stimmt doch was nicht in deren Ehe, dat Gisel macht was falsch."

„Die kann ihren Mann nicht halten", erzählten die Frauen beim Bäcker, „vielleicht verweigert sie ihm was?"
„Oder er will was Fieses von ihr."
Getuschel, viel sagende Blicke.
„Das würde ich meinem nicht erlauben, aber die sind ja auch nicht katholisch!"

Am Ende zog der schöne Theo nach Köln und dat Gisel reichte die Scheidung ein. Was sie dann zu Freiwild für alle Männer machte. Eine geschiedene Frau, die hatte immer selber Schuld, wenn die Ehe kaputt ging.
„Konnte ihren Mann nicht halten, wer weiß, wat dat jemacht hat. Möchte wissen, warum der Theo in die Scheidung eingewilligt hat. Das muss doch einen Grund geben", philosophierten die Frauen beim Frisör.

Man war nicht geschieden im katholischen Rheinland, und wenn man es doch war, hatte man selber Schuld. Vor allem die Frau. Und durfte sich nicht beklagen, wenn man so einen Ruf hatte.
„Ihr wißt schon."
Wieder viel sagende Blicke. Das war nicht ehrbar. Und man musste sich ernsthaft überlegen, ob man dat Weber Gisel noch grüßen konnte.
Dat Gisel war sich ihrer Sünderrolle bewusst. Sie war zwar katholisch, aber trotzdem nicht gern gesehen in der Römerstrasse, weil sie ja aus Schlesien kam. Sie und der schöne Theo und der Großvater Klein, Flüchtlinge. Wovor seid Ihr denn davon gelaufen? Nein, dat Gisel. Wir sind Vertriebene, Heimatvertriebene mit einem Pass! Heimatvertriebene mit Pass? Ich lach mich kapott, die haben Euch den ganzen Weg bis Bonn vertrieben, Frau? Warum seid Ihr nicht in München geblieben? Oder in Osnabrück?

Gesenkten Hauptes schlich Gisel einige Jahre durch das Viertel, ging oft zur Kirche und tat gute Werke, sang im Chor der Bundesregierung, organisierte Feste für die Nachbarn, machte sich nützlich und, wie sie hoffte, beliebt. Und das war sie auch, aber nur bei den Männern.

Die so Geschmähte nahm schließlich ihr Schicksal an und tat das, was ohnehin alle vermuteten: sie hatte Liebhaber, verheiratete Beamte, deren Familien noch in Münster oder Frankfurt saßen und deren Umzug Dank Gisels Aktivitäten hinausgeschoben wurde, Sängerkollegen, Wanderfreunde, Nachbarn, Kollegen, Vorgesetzte, ausländische Botschaftsmitarbeiter.

„Ausländer! Ich sach es dir!"

Sie war nicht wählerisch und, was schlimmer war, sie ließ die Frauen aus der Nachbarschaft an ihrem Glück teilnehmen. Erzählte stolz von dem verheirateten Mann aus Olpe, der sich für sie scheiden lassen wollte, aber zuerst ihr die Kleider vom Leib gerissen hatte und hungrig über sie hergefallen war (schon wieder Hunger!). Oder vom Bundesbruder unseres Vaters, der ebenfalls hungrig war, aber auch er nur mit abgerissenen Kleidern. Und der in ihr endlich die große Liebe seines Lebens gefunden hatte und sich sofort scheiden lassen wollte, um sie zu heiraten.

„Dann muss er aber die Burschenschaft verlassen, dafür sorge ich", sagte unser Vater empört.

„Ich wünschte, ich hätte ihn dir nie vorgestellt."

Wir Kinder kriegten das alles brühwarm mit. Die Nachbarinnen gaben sich keine Mühe, besonders leise zu sprechen, wenn Kinder in der Nähe spielten.

Irgendwoher müssen die ja doch lernen, wat et für nen Schmutz jit", rümpften verächtlich die Nase, warfen mitleidige Blicke auf Gerd, ihren Sohn.

„Dat arme Balg, wat dat so mitkricht, wat seine Mutter macht, aus dem wird bestimmt mal nix."

Wir Kinder spekulierten auch, warum die Männer immer der Gisel die Kleider vom Leib rissen beim Essen. Kleckerte die etwa? Oder hatte sie kein Lätzchen? Und warum fielen sie über das Essen her? Es gab doch wieder genug. Unsere Mutter sagte, die schlechten Zeiten sind vorbei und wir hatten auch wieder richtiges Geld. Aber ein bisschen geschämt haben wir uns doch, dass die sich nackt vor einem Mann auszog. Igitt. Würden wir nie machen!

Unsere Mutter nutzte die Reue der Nachbarin praktisch, grüßte sie freundlich, ließ sie Essen für uns kochen, mal beim Gardinenwaschen mithelfen, mal auf uns drei Kinder aufpassen. „Dat Hurenminsch", sagten die Weiber vom Römerschlösschen herablassend – und die wussten ja, wovon sie sprachen. Die Kerle machten unverständliche Bemerkungen und Bewegungen. Gisel, Kopf hoch, fröhlich, rauscht vorbei, sah nichts, hörte nichts. Wenn sie doch nur den heiraten würde, dann wäre sie wieder ehrbar und der Gerd hätte wieder einen Vater. Sie wollte aber nicht ehrbar werden, sie wollte ihren Spaß.

„Mein Gott, habe ich den geliebt", sagt sie lachend, gutgelaunt, oder:

„Den habe ich wirklich geliebt" und:

„Den habe ich rasend geliebt, aber er hat mich betrogen mit seiner Frau und da hab ich gesagt, also mein Lieber, keine Feindschaft, lass uns Freunde bleiben, aber so nicht. Der ist immer extra aus Düsseldorf angefahren."

Die Beamtem kamen seltener, holten ihre Frauen und Kinder aus Fürth und Wolfsburg nach, blieben schließlich ganz weg und machten Platz für mehr hungrige Männer.

„Nackt bin ich nachts über die Römerstrasse gerannt, nur einen Pelzmantel drüber geworfen, so verrückt war ich nach dem. Und dann hat der mir den Pelzmantel vom Leib gerissen und ist hungrig über mich hergefallen."

Wir Kinder staunten, schon wieder ein hungriger Mann und das nachts. Hatte er nicht zu Abend gegessen? Willst du den heiraten, fragten wir?

„Nein, um Himmels Willen, ich heirate nicht noch mal."

Die versündigt sich, sagte Tante Liss, nimmt den Namen ihres Schöpfers in den Mund, um ihre Sünde zu bedecken. Ach, hör doch auf, Elisabeth, sagte unsere Mutter, die heiligen Schwestern und Brüder tun's doch auch.

„Sophie, die Kinder!"

Die Tante war den Tränen nahe, wie immer bei diesem Thema.

Wir Kinder ahnten, dass hier etwas war, das wir nicht wissen durften. Schließlich durften wir ja auch nicht „Suchkind 312" in der „Hör zu" lesen oder andere Schundromane. Primitiv, sagte unsere Mutter, Schafschiet, unser Vater. Wir durften Mädchenbücher lesen, aber nicht mitbekommen, was die lebenslustige Gisel mit diesen Hungernden machte. Dass es ihr deutlich besser ging als den anständigen mürrischen griesgrämigen Nachbarn stand außer Frage, das sahen sogar wir Kinder. Dass der Herr sie nicht sofort bestrafte, ein Wunder. Dass der Pastor sie im Kirchenchor weiter singen ließ, konnte aber nur damit erklärt werden, dass sie nicht katholisch war.

Ein katholischer Pfarrer hätte sich das nicht angeschaut, sagten die Nachbarinnen, aber das hat man von allen diesen Flüchtlingen! Und im Fegefeuer würde sie schmoren, da waren sich rechte und linke Straßenseite einig. Und der arme Großvater Klein. Muss sich anschauen, was seine Tochter so treibt. Was anschauen? Was anhören?

„Das ist nichts für euch, Kinder, geht spielen. Der arme Mann!"

Getarnt hat sie das immer als ein Hausfest, zu dem mehrere Leute geladen wurden. Auch der neue Galan war dabei. Was ist ein Galan, Mutti? Dann gingen alle zusammen, Punkt elf, auch der Galan, aber der schlich sich später zurück, das wusste unsere Mutter ganz genau, sie hatte es gehört. Und morgens um 4 Uhr schlich der sich heimlich wieder davon und dat Gisel zog leise die Tür zu. Aber Sophia hatte es doch gehört, sie war ja nervös und hatte einen leichten Schlaf.

„Hab ich doch gleich gemerkt, der hat sie so komisch angeguckt die ganze Zeit."

Komisch angeguckt? Haben uns unsere Eltern nicht ständig gewarnt vor bösen Onkeln? Nur vor bösen Onkel, nie vor bösen Tanten.

„So wie der Onkel Fritz, der ist doch immer so böse?"

„Nein, fremde böse Onkels. Wenn euch einer komisch anguckt oder komisch anfasst, schreit ihr so laut ihr könnt und kommt sofort nach Hause gerannt."

Und als dann wirklich einer mal in der Römerstrasse die Hose aufmachte, um den Kindern zu zeigen, was sie noch nie gesehen hatten, liefen sie alle schreiend nach Hause. Und dann liefen alle Erwachsenen schreiend auf die Strasse und der Wirt vom Platzbäcker, der ein Telefon hatte, rief die Polizei. Der Peterwagen kam mit zwei Schutzmännern und die hatten den fiesen Kerl bald.

„Ha", unsere Mutter, Triumph in der Stimme, „der wird jetzt für immer eingesperrt."

Da hatte also wieder einer dat Gisel so komisch angeguckt und die hatte nicht geschrien, sondern kokett gelächelt, die Lippen rot angestrichen, es gab ja wieder Lippenstifte, Melodien gesummt, Kopf nach hinten gelegt, getanzt mit ihm und nachts ist der zurück geschlichen. Offen gezeigt hat sie sich nie mit ihren Galanen, nie Arm in Arm wie unsere Eltern oder ineinander verkrallt wie dat Uhlands Philippa, aber dat war ja verlobt. Was du nicht sagst, bemerkte unsere Mutter, die hat mehr Verlobte als ich Finger an der Hand.

Einmal hatte ein Ehepaar dat Gisel zum Essen eingeladen. Und stell' dir vor, Sophie, da sollte ich Schleiertänze machen, sagte der Mann, so ein bisschen schön bewegen und die Schleier abwerfen, und nichts drunter und die Schleier hatte er schon parat. Ne, sagte dat Gisel, dat tu ich nicht, stell dir das nur mal vor, Schleiertänze und dann noch nackt. Und der Herr Brüggemann war auch so einer, lädt dat Gisel a- bends ein, meine Gattin und ich würden uns sehr freuen, wenn sie mal zum Abendessen zu uns kämen. Und ich gehe dahin und stell dir vor, Sophie, da ist der allein, die Frau nach Dortmund verreist und der fällt über mich her. Das hätte ich nie von dem gedacht, sagt unsere Mutter in gerech- ter Empörung, so ein Biest. Lässt die Frau verreisen und lädt dich ein, dat jit et doch nich.

Die Ruinen in der Husarenstrasse und der Römerstrasse verschwanden, an die Stelle traten neue Wohnbauten und Ministerien.
„Hier wird ja so schnell gebaut", sagten die Nachbarn.
„Du gehst in ein Geschäft und wenn du wieder 'rauskommst, steht da ein neues Gebäude. Man verirrt sich ja in der eige- nen Strasse."

Die vielen grauen unglücklichen Beamten, die am liebsten Brötchen und Teilchen von gestern kauften, weil dann der Geschmack intensiver ist und die Bundesbrüder hatten nun alle ihre Familien nachgeholt und Gisel ging wandern.
„Ich könnt mich kaputtlachen", unsere Mutter.
„Die Wandervögel haben sich geteilt. Die einen wandern."
„Und was tun die anderen, Mutti?"

„Das ist nichts für euch Kinder, und dass ihr mir das ja nicht draußen sagt."
Gisels große Zeit war vorbei, aber auch die der Römerstrasse.

Weg war der Herr Duvigneau, weg der „Platzbäcker", weg die einheimische Bevölkerung, nach Mehlem gezogen ins Eigenheim oder nach Dottendorf; weg die Ruinen, weg die halb versunkenen Kähne auf dem Rhein, weg dat Bönnsche Platt, weg die Karnevalssitzungen beim Karolin und die Ferdelszösch. Keine Spur mehr vom Schmitz Adele oder vom Klärchen. Dat singende Peerd sang nicht mehr, der fiese Rüdiger grabschte nicht mehr, der Schmutz von der Strasse war weg, der Kardinal Frings auch und die Engländer und die Marrokaner.

Aus dem zerstörten aber turbulenten Bonn unserer Kindheit war eine schöne, ehrbare Stadt geworden.

Die Hauptpersonen:

Sophia Steinhardt, geb. Brück, geb.: 24. 1. 1914 –
gest.: 11. 3. 1995

Dr. Horst Steinhardt, geb.: 14.11.1913 - gest.: 28. 4. 1989

Heide Simonis, geb. Steinhardt, geb.: 4. 7. 1943

Dr. Doris (gen. Dodo) Steinhardt, geb.: 25. 10. 1944

Barbara Steinhardt-Böttcher, geb.: 22. 10. 1946

Heinrich Lützeler
Philosophie des Kölner Humors
Kölner Humor in der Geschichte
168 Seiten kartoniert, ISBN 978-3-416-02867-7
€ 14.90

Heinrich Lützeler (1902 - 1988) genoss den Ruf eines der popu-
lärsten Hochschullehrer in Bonn. Im ganzen Rheinland galt er
als "der Philosoph des Rheinischen Humors". In diesem Buch
bietet er "Übersetzungshilfen" für den Fall, dass die Mundart es
– insbesondere für Zugereiste – allzu eigenwillig treibt.
In der Mundart stellt sich ein Lebensgefühl dar, eine Weise,
Mensch und Welt aufzufassen. Humor ist nicht nur Spaß und
bloße Erholung vom Ernst des Daseins, sondern eine befreien-
de Stellungnahme zu allem, was uns angeht: Im Alltag und in
der Geschichte, auf der Straße und im Reich der Gedanken.
Lützeler hielt seinen Vortrag erstmals 1954 vor der "Kantgesell-
schaft". In aller Gelehrsamkeit und mit großem Unterhal-
tungswert stellt er Eigenart und Humor des Rheinländers in
den Zusammenhang vielfarbigen Humors in Deutschland.Ein
Klassiker seines Genres mit vielen Anekdoten und Geschich-
ten.Mit Karikaturen von Hermann von Saalfeld.

WWW.BOUVIER-VERLAG.DE   BOUVIER VERLAG BONN